JN418594

# 도시 산책:

## 유럽 도시의 근대적 기억들

# 머리말

이 책은 숭실대학교 인문과학연구소에서 인문학교양총서 시리즈로 발간하는 책들 중 첫 번째로 소개해드리는 책입니다. 1966년 발족하여 올해로 연구소 개설 53주년을 맞이하는 우리 연구소에서는 그동안 인문학의 전 분야에 걸쳐 학술대회와 강연회를 진행해왔고, 논문집과 저서 발간을 통해서 인간 본연의 모습을 탐구하는 인문학의 근간을 세우고 새로운 시대가 요구하는 학문적 성과와 실용적인 결과물을 도출하려고 노력해왔습니다. 그 노력의 결실이 이번에 하나의 온전한 모습으로 여러분과 함께 할 수 있게 되어 정말 기쁩니다.

서장에서 필자 양승조교수가 밝히고 있듯이 "근대 도시는 때로는 자신을 적나라하게 드러내고, 때로는 자신을 은밀하게 감추는, 과거와 현재의 흔적들이 공존하고 있는 장"입니다. 특히 인문학적인 시각에서는 과거의 흔적, 현재의 모습, 그리고 미래에 대한 비전, 혹은 '아우라'와 '징표'를 가장 잘 찾아볼 수 있는 곳이 유럽의 도시들이라고 할 수 있습니다. 일곱 명의 필자들은 "한명의 산책자로서 자신이 경험한 도시 공간에 내포되어 있는 '아우라'와 흔적을 깊이 있게 분석하고 담백하게 설명해주고" 있으며 이를 통해 행복한, 혹은 이상적인 도시생활을 꿈꾸고 있습니다. 이 책은 지난 해 우리 연구소의 논문집 〈인문학 연구〉에 기획논문으로 게재되었던 몇 편의 글들을 필자들이 다시 수정 · 첨가 · 보완하고, 보내주신 원고에 완전히 새로운 글들을 몇 편 더하여 만들어졌습니다. 무엇보다도 필자들은 교양총서라는 이름에 맞게 인문학 전공 학생들이나 학자들이 아닌 일반 대중이 쉽게 읽어 내려갈 수 있도록 애쓰고 있습니다. 이를 위해 자신들이 인문학자로서 체험했던 도시들을 따뜻한 마음과 담백한 시선으로 바라보면서 독자들과 함께 도시들을 산책하고 있습니다. 필자들의 이러한 수고가 독자들에게도 그대로 전해지기만을 바랄 뿐입니다.

이제 우리는 새로운 시대로 향하고 있습니다. 지금까지 지내온 시간들이 신 중심의 시대를 거쳐 인간 중심의 시대였다면 앞으로 다가오는 시대는 인간과 기계가 함께 공존하는 시간들일 것입니다. 신과 인간과 기계가 아름다운 조화를 이루기 위해서는 그 어떤 시대보다 인문학의 가치가 높이 평가되어야 합니다. 우리 인문과학연구소는 앞으로도 시대와 사회가 요구하는 인문학적 결과물을 도출하기 위해 더 노력하겠습니다. 내년에는 인문학교양총서 시리즈 두 번째 〈세계의 축제(가제)〉로 다시 독자들과 만나게 될 것임을 약속드립니다. 이 책의 발간을 위해 애써주신 인문과학연구소의 김태연, 양승조 교수님, 그리고 숭실대학교 중앙도서관 출판팀에 깊이 머리 숙여 감사드립니다.

2018년 9월

숭실대 인문과학연구소장 김 명 숙

# 차례

# 서장

양승조

# 서장

근대 도시는 때로는 자신을 적나라하게 드러내고, 때로는 자신을 은밀하게 감추는, 과거와 현재의 흔적들이 공존하는 장이다. 유럽에서 도시는 중세를 지나며 새롭게 부흥했다. 고대 로마인이 이룩한 문명은 게르만의 야만에 무릎을 꿇었으며, 고대 라틴 문명의 구심점들은 게르만 종족들의 거친 흐름 앞에서 붕괴되었다. 그러나 중세를 거치며 파괴되고 흐트러진 사회와 국가를 안정시킨 유럽인은 고대의 문물을 발굴하고 복원하며 다시금 자신들의 문화를 진전시켜 나갔다. 근대가 시작된 것이다. 근대의 시작점에서 유럽인은 인간을 재발견하고, 사고를 발전시키고, 종교를 재편하고, 자본을 축적했다. 고대인이 남긴 터전 위에서 새로이 부흥한 도시 안에 이것들을 구축했다. 이러한 의미에서 근대 도시는 단순한 삶의 공간이 아니다. 도시는 자신을 구성해 왔고 구성하고 있는 다양한 집단과 층위가 남긴 흔적들로 채워져 있다.

우리는 이렇게 형성된 근대 유럽의 도시들을 발터 벤야민(Walter Benjamin)이 정형화한 '도시인상학'의 인식과 개념을 통해 살펴볼 수 있다. 벤야민은 한 사람의 '산책자'로서 거리를 거닐며 도시가 가지고 있는 근대성의 본질을 관찰하고, 도시 공간에 대한 새로운 분석을 시도하며, 이를 마치 인상기를 쓰듯 우리에게 제시하고 있다.

발터 벤야민은 1892년 베를린에서 태어난 유대계 독일인이다. 철학자이자 문학평론가로서 자유기고가와 번역가로 활동하던 그는 독일에 나치 정권이 수립되자 프랑스로 탈출한다. 한동안 파리에서 활동하면서 벤야민은 이곳을 중심으로 근대도시를 분석하는 작업을 준비[1]했다. 그러나 그의 작업은 나치 독일이 프랑스를 점령하면서 중단되었다. 신변에 위협을 느낀 벤야민은 유럽을 떠나기로 결심한다. 그러나 에스파냐를 거쳐 미국으로 가려고 시도하던 중 프랑스 국경지대에서 에스파냐 당국으로부터 입국을 거부당했다. 그리고 그곳에서 신병이 나치 독일에 인도될 수 있다는 말을 듣게 된 벤야민은 에스파냐의 조그마한 국경 마을인 포르부(Portbou)에서 스스로 목숨을 끊음으로써 생을 마감(1940년 9월 26일)했다.

길지 않은 생애 동안 벤야민은 근대도시를 바라보는 새로운 시각들과 관련된 크고 작은 사고의 조각들을 남겨놓았다. 무엇보다도 그의 사고가 형성되고 확장되는데 커다란 영향을 미친 것은 그가 태어나고 자란 곳인 베를린이었다. 19세기 말 – 20세기 초에 베를린은 변화와 발전의 공간이었다. 빠르게 성장하고 있던 독일 제국에서 수도 베를린은 그 정치적 위상이 커져 갔으며, 경제 성장과 기술 발전의 영향으로 도시 외관 또한 빠르게 바뀌었다. 새로운 건물들과 문명의 이기들이 도시의 심장과 혈관을 따라 뻗어가고 있었다. 이렇게 빠르게 성장하고 있던 베를린에서 유년시절을 보낸 벤야민에게 있어 근대 도시는 특별한 의미를 가지는 대상이었다. 그는 도시에 관심을 가지고, 그것을 분석하고, 그 속에서 의미를 도출해 내려고 했다.[2] 그리고 그 과정에서 벤야민은 근대 도시 공간을 도시인상학에 근거하여 '아우라'와 '흔적'이라는 개념을 통해 설명해 냈다. 그는 '아우라'와 '흔적'을 다음과 같이 규정하고 있다:

흔적과 아우라. 흔적은 흔적을 남긴 것이 아무리 멀리 떨어져 있더라도 가까이 있는 것Nähe의 현상이다. 아우라는 설령 그것을 불러일으키는 것이 아무리 가까이 있더라도 멀리 있는 것Ferne의 현상이다. 흔적 속에서는 우리가 사물을 소유한다. 아우라에서는 사물이 우리를 자기 것으로 만든다.[3]

사실 '아우라'라는 용어는 벤야민이 철학적 내용을 표현하는 용도로 사용하기 이전부터 독일 예술계와 문학계에서 이미 널리 사용되고 있던 개념이었다. 이 말은 그 기원이 근대 이전 시기까지 거슬러 올라가서, 원래는 신이나 천사, 천국 등과 같은 종교적 권위를 설명할 때 사용하는 용어이다. 그런데 전근대시기에 예술은 종교와 밀접한 연관 관계를 가지고 있었으며, 이에 따라 전통 예술 작품은 종교적 아우라를 속성으로 가지게 되었다. 전통 예술 작품은 그 속성상 종교적 숭배를 위한 것이었기에 일반인이 접근하기 힘든 곳에 감추어져 보관되었으며, 이에 따라 지배집단이 특별한 시기에 접근을 허용하는 예외적인 경우를 제외하면 대중으로부터 유리되어 있었다. 그 결과 전통 예술 작품은 종교적 숭배 대상으로서의 아우라라는 가치를 획득하게 되었다.[4]

그리고 이렇게 형성된 아우라는 이제 반대로 인간이 대상을 바라보며 느끼는 주체적 경험이 나타나는데 영향을 끼치게 되었다. 전통 예술 작품은 그 물적 특성인 원본성, 진품성, 일회성으로 인해 평범한 일반인이 쉽게 접근할 수 없는 대상이다. 이에 따라 일반적인 사람이 예술작품을 보면서 느끼는 주체적 경험으로서의 '아우라'는 "시간과 공간에서 나온 아주 기이한 유령과 같은 것으로서 그것이 제아무리 가깝게 있을지라도 먼 것의 일회적 현상"[5]이다. 즉, 평범한 수용자에게 있어 전통 예술 작품은 상시로 손쉽게 경험할 수 없는 대상이었기에, 설혹 기회가 주어져 가까이에서 이것을 접하게 되었다 하더라도 여기에서 느끼는 것은 범접하기 어려운 아우라인 것이다.[6]

아우라와는 달리 '흔적'은 과거에는 존재했으나 현재는 존재했었다는 것만을 알 수 있는, 그러한 의미에서 과거의 존재와 현재의 부재를 동시에 보여주는 현상이다. 따라서 우리는 과거에는 존재했으나 현재는 존재하지 않는 것을 그것이 존재했음을 보여주는 징표인 흔적을 통해 밝혀낼 수 있다. 그런데 흔적은 그것을 "남긴 것이 아무리 멀리 떨어져 있더라도 가까이 있는 것의 현상"이긴 하나 자신을 스스로 드러내지는 않는다. 따라서 이것을 가시화하기 위해서는 적극적인 행위로서 이것을 읽는 노력이 필요하다. 즉, 우리는 '흔적 읽기'라는 행위를 통해 과거에는 존재했으나 현재는 사라진 것을 인식할 수 있게 된다. 그런데 이러한 흔적은 의도된 산물이어서는 안 된다. 누군가에 의해 연출되어 임의적으로 만들어진 징표는 흔적으로 인정받을 수 없다. 의도된 징표 안에는 이미 누군가의 계획이 들어있기에, 관찰자에 의한 흔적 읽기 또한 필요하지 않다. 따라서 흔적은 비의도적으로 남겨지게 된 징표이며, 이를 드러내는 흔적 읽기는 이렇듯 우연히 남겨진 흔적을 통해 과거에는 존재했으나 현재는 볼 수 없는 것을 밝혀내는 중요한 작업이다.[7] 이러한 의미에서 흔적 읽기는 매우 역사적인 작업이다. 서양고대사 학자인 양병우의 다음 말은 그래서 시사하는 바가 크다:

> 아무튼 역사는 과거를 다룬다. 그런데 과거란 대체 무엇인가. 그것은 지날 過, 갈 去라는 글자 그대로 지나간 일이다. 다시 말해서 이미 사라져

없어진 일이다. 이미 사라져서 지금 눈앞에 없으니, 맞대고 볼 수 없다. 그러니 과거는 인식할 수 없는 것이 아닌가. 그렇지는 않다. 왜냐하면 그것은 완전히 사라져 없어지는 것이 아니라 흔적을 남기고 가기 때문이다. 물론 그 흔적마저 아주 없어지는 경우도 있지마는, 그렇다고 무슨 일이나 당장에 아무 자취도 없이 사라지고 마는 것이 아니다. 그리고 남아 있는 흔적이 과거를 되찾게 해준다. 다시 말해서 그것은 이제 다시 볼 수 없는 과거를 알아내는 길을 열어 주는 것이다.[8]

이 말에서 알 수 있듯이, 과거에 존재했으나 현재는 부재하는 것의 징표인 흔적을 읽어 내려는 벤야민의 시도는 "지금 남아 있는 것을 가지고 이미 지나가 버린 일을 알아내는 것"인 역사 연구의 작업과 동일한 행위이다. 수많은 과거의 징표들이 새겨져 있는 도시 공간을 흔적 읽기를 통해 분석하는 것은, 따라서 매우 역사적이고 인문학적인 접근법이라 할 수 있다.[9]

그렇다면 이러한 흔적 읽기의 주체는 누구인가? 벤야민은 그를 '산책자'로 상정하고 있다. 산책자는 도시라는 공간에 거주하며 흔적을 남기는 존재인 대중의 한 구성원이자, 도시 공간과 사물 속에 남아 있는 흔적을 읽는 주체이다. 이러한 산책자에게 의미 있는, 그래서 흔적 읽기의 대상인 사물은 무언가 특별하거나 거창한 것이 아니라 일상적인, 그래서 "하찮은" 것들이다. 그러나 벤야민에 따르면 바로 이러한 것들이야 말로 흔적을 통해 과거를 거슬러 올라갈 수 있도록 해 주며, 이를 통해 자신의 내면에 있는 추억을 떠올릴 수 있게 해 준다. 벤야민이 파리에 대해 특별히 더 애정을 가지고 있었으며, 이곳을 자신의 도시 공간 분석의 주요 대상으로 삼은 것도 바로 이러한 이유 때문이다. 즉, 파리가 벤야민의 '산책자' 개념이 형성된 공간적 배경이 된 이유는, 그가 볼 때 파리는 일상적이고 평범한 풍경으로 가득 차 있는 곳이기 때문이다. 그리고 '산책자'는 파리와 같은 도시에 새겨져 있는 본질적이고 일상적인 흔적들을 인식하고 분석할 수 있는 존재, 즉 "도시의 사물 세계에 매혹당하면서도 동시에 이를 비판적으로 볼 수 있는 자"이다.[10]

이러한 의미에서 이 책을 구성하고 있는 일곱 개의 글은 인문학에 종사하고 있는 일곱 명의 학자들이 산책자로서 유럽의 도시를 거닐며 인식한 흔적을 자신의 전문 시각이라는 프리즘을 통해 투사해 낸 이야기들이다. 이 책에서는 유럽 도시를 다루는 이 글들을 대상 도시의 공간적 위치, 즉 서쪽 끝에서 동쪽 끝으로 진행하며 각 도시가 자리매김하고 있는 순서에 따라 배치했다.

박승민은 산티아고 데 콤포스텔라(Santiago de Compostela)를 종착지로 하는 카미노 데 산티아고(Camino de Santiago) 순례길이 가지고 있는 역사적 · 종교적 함의와 이것이 현대인에게 미치는 영향을 심리학 이론가들의 개념들을 사용해서 이야기해 주고 있다. 에스파냐 북부를 동에서 서로 가로지르는 카미노 데 산티아고는 예수의 제자 중 한명인 야고보의 유해가 안치되어 있는 산티아고 데 콤포스텔라로 가는 길로서, 유럽에서뿐만 아니라 전 세계적으로, 로마가톨릭 신자들 사이에서 뿐만 아니라 (무종교를 포함해서) 다양한 형태의 종교 신앙 공동체에 소속된 사람들 사이에서 널리 알려져 있는 순례길이다. 이 길은 에스파냐 인이 그리스도교 신앙을 지키고 전파함으로써 신앙의 본보기가 된 예수의 제자 야고보를 뒤 쫓는 길이자, 에스파냐가 민족국가로 형성되어 가는 과정에서 종교적 · 정신적 숭배의 대상이 된 민족의 지도자 야고보를 찾아 나서는 길이다. 이 길을 따라 순례에 나선 현대인은 이 길이 가지고 있는 이러한 의미를 되새기며 자신을 되돌아보는 성찰의 시간을 가지게 되고, 나와 주변 사람 사이의 관계를 재정립하게 되며, 궁극적으로는 이러한 과정을 통해 신과 만나는데 까지 나아가기도 한다. 이 글에서 박승민은 산티아고 데 콤포스텔라로 상징되는 카미노 데 산티아고가 가지는 이와 같은 의미를 역사적 배경과 영화적 서사를 통해 이야기해 주면서, 그 속에 내포되어 있는 의미를 융(Jung)과 프로이드(Freud)가 사용한 정신분석학 개념들을 사용하여 이야기해주고 있다.

전은경은 제임스 조이스의 작품에 비친 더블린과 그 도시에서 살아가는 사람들의 모습을 통해 영국 통치기 아일랜드의 상황을 보여주고 있다. 글 서두에서 제시되고 있는 것처럼, 아일랜드는 오랫동안 영국에 점령되어 지배받았다. 이 시기에 아일랜드는 영국이 점령한 다른 대륙의 다른 지역과 크게 차이 없는 피정복지였으며, 그곳 거주민은 영국인에게 동등한 유럽인으로 대접받지 못했던 복속민이었다. 즉, 영국인은 아일랜드 땅을 식민지로서 통치했던 것이다. 영국인에 의해 감자흉작이라는 천재(天災)에 따른 사건으로 포장된 아일랜드 대기근은 바로 이러한 인식을 가지고 있던 영국인이 식민지 아일랜드를 수탈한 결과로 발생한 인재(人災)였다. 전은경은 영국 지배하의 아일랜드, 그리고 영국 지배하에 있는 아일랜드의 중심 도시인 더블린을, 영국 지배기에 아일랜드에서 태어나 교육받다 유럽 대륙으로 망명해 그곳에서 활동한 조이스가 서술한 작품에 대한 분석을 통해 섬세하고 이해하기 쉽게 설명해주고 있다.

이찬규는 19세기 후반에 산업화와 자본주의화를 기반으로 근대성을 쌓아가고 있던 프랑스 도시의 모습을 에밀 졸라의 작품을 통해 설명해주고 있다. 자신의 작품 속에서 에밀 졸라는 파리에서 개장한 백화점을 중심으로 전개되는 다양한 인간 군상의 행태들을 묘사하고 있다. 즉, 백화점이라는 새로운 형태의 상품거래소에 대한 이야기를 통해 근대 경제의 핵심인 산업과 자본주의의 명암, 즉 상품 다양화에 따른 소비 대상의 증가가 삶에 대한 만족과 행복으로 이어지기 보다는 자기과시와 물신풍조, 그리고 나아가서는 인간성 상실로 나아가고 있음을 적나라하게 보여주고 있다. 이찬규는 이러한 에밀 졸라의 날카로운 시선을 포착해서 이것이 가지고 있는 의미를 분석하고 독자가 이해하기 쉽게 소화시켜 우리의 입 속에 넣어주고 있다.

김태연은 스위스의 대표적인 국제도시인 제네바가 가지고 있는 종교개혁 초기 역사에 대한 이야기를 우리에게 들려주고 있다. 제네바가 속해 있는 스위스는 대표적인 중립국이다. 스위스가 중립국이라는 국제적 지위를 가지게 된 것은, 이곳이 지리적으로 유럽의 중심에 해당되며, 이에 따라 유럽대륙의 정치적 · 군사적 요충지였기에 주변 강대국들이 획득하기 위해 경쟁하던 곳이었다는 점이 크게 작용했다. 김태연은 이렇듯 강국들 사이에 끼어 중립지역이라는 명분하에 생존하게 된 스위스가, 종교적으로는 유럽은 물론이고 전 세계적인 규모로 확산되는 그리스도교 일파의 발생지이기도 하다는 것을 이 글을 통해 보여주고 있다. 우리는 이 글을 통해 스위스가 가지고 있는 종교개혁 중심지로서의 특성, 그리고 그 중에서 제네바에서 진행된 종교개혁의 전개과정을 칼뱅을 비롯한 종교개혁가 4인의 활동을 통해 자세히 알 수 있다.

**박종소**는 독일에 소재한 '종교개혁도시(Reformationsstadt)'가 개신교 역사에서 가지는 위치를 루터가 성서를 번역할 때 머물렀던 바르트부르크를 중심으로 이야기해주고 있다. 이를 위해 그는 먼저 독일에 위치한 종교개혁 관련 주요 도시들을 소개하면서, 개신교 성립의 역사에서 독일이 유럽 그 어느 지역보다도 중요한 곳임을 강조해서 보여주고 있다. 나아가 독일 종교개혁이 그리스도교 역사에서뿐만 아니라 근대문화의 한 원천으로서 가지는 의미를 바르트부르크 성에 머물면서 루터가 행한 성서의 독일어 번역이라는 행위 속에서 찾고 있다. 성서의 민족어 번역은 유럽세계가 중세에서 근대로 넘어오는 시기에 등장하는 근대의 시작을 알리는 몇몇 징표들 중 하나이다. 이러한 의미에서 신성로마제국 내에서도 독일어 성서 번역이 몇 차례 진행되었는데, 루터의 성서 번역은 이러한 작업의 연장선상에 있는 것이었다. 종교개혁과 병행해서 진행된 루터의 성서 번역은 이 지역에서 독일어가 체계화되고 독일인 정체성이 확립되는 데 있어 커다란 역할을 했다는 점에서 의미가 크다.

**양승조**는 제정 러시아 근대화의 상징인 상트페테르부르크가 건설되는 과정과 이후 변화하는 모습을 재구성함으로써, 근대화와 관련해서 이 도시가 가지고 있는 두 가지 의미, 즉 국가 근대화에 대한 염원이라는 이상과 구질서의 토대 유지라는 현실을 보여주고 있다. 상트페테르부르크는 표트르 이래로 제정 러시아의 통치자들과 지배집단이 외부에 보여주고 싶었던 근대화된 러시아를 상징하는 대표적인 (그리고 유일한) 지역이었다. 그러나 상트페테르부르크는 제정 러시아 근대화의 발화점이 되지는 못했다. 그 이유는 제정 러시아 근대화가 상트페테르부르크를 기점으로 다른 지역으로 제대로 확산되지 못했기 때문이다. 이러한 의미에서 제정 러시아 지배층에게만 열린 공간이었던 상트페테르부르크는 인구의 다수를 차지하고 있었던 농민에게는 아우라로 둘러싸인 닫힌 공간이었다.

**오충연**은 근대 문화의 연장선에 있는 현 세계에서 도시민이 느끼는 삶에 대한 의지를 행복이라는 매우 의미 있는, 그러나 객관적 지표로 측정하기 어려운 개념을 중심으로 평가하는 시도를 했다. 그에 따르면, 현재 전 세계 여러 지역에서는 근대 문화가 발전하면서 과거 그 어느 시기보다 도시화가 진전되어 있으며, 이러한 물질문명의 중심지인 도시에 거주하는 주민인 도시민이 느끼는 자신의 삶에 대한 만족감은 지역에 따라 많은 차이를 보이고 있다. 한 예로 유럽대륙만 보아도, 시민의 삶에 대한 만족도를 나타내는 행복지수가 북유럽 도시보다 중남부 유럽의 도시에서 더 높다. 국가를 예로 들면, 비교적 도시민의 평균 행복 지수가 높은 것으로 조사되는 캐나다의 경우에도, 대도시보다는 중소도시에 거주하는 주민들 사이에서 삶에 대한 만족도가 훨씬 높은 것으로 나타나고 있다. 오충연은 이러한 상황을 이들 도시들 중 적지 않은 곳에 방문한 자신의 개인적 경험과 비교하며 제시하고 있다. 그리고 이러한 조건 속에서 한국 도시민이 느끼는 낮은 행복도와 이러한 현상이 나타나게 된 역사적 · 문화적 · 경제적 원인에 대해 설명해 주고 있다.

이 책의 필자들은, 발터 벤야민이 그러했던 것처럼, 한 명의 산책자로서 자신이 경험한 도시 공간에 내포되어 있는 아우라와 흔적을 깊이 있게 분석하고 담백하게 설명해 주고 있다. 이때 도시에 내재된 의미는 각 필자의 전문분야에서 사용하는 서로 다른 방법론에 따라 다양한 각도에서 조명되고 있다. 이러한 의미에서 이 책은 인문학의 여러 분과학문에서 연구를 진행하고 있는 필자들이 자신이 유럽 도시에서 받은 인상과 경험을 자신에게 익숙한 방법론을 사용해서 풀어내고, 이를 독자와 공유하기 위한 하나의 시도이다. 이러한 필자들의 마음이 독자에게도 감응을 일으키기를 기원해 본다.

1 근대도시 파리에 대한 그의 연구 계획, 그리고 이를 위해 그가 수집한 자료들과 메모한 기록들은 이후 독일에서 『파사젠베르크』(*Das Passagen-Werk (1928–1929, 1934–1940)*, hrsg. von Rolf Tiedemann, 2 Bände, Suhrkamp Frankfurt am Main, 1983)라는 이름으로 출간되었다.

2 몸메 브로더젠, *Walter Benjamin: A Biography*, 『발터 벤야민』, 인물과 사상, 2007, 13–15쪽.

3 발터 벤야민, 「산책자」, 조형준 역, 『도시의 산책자』, 서울: 새물결, 2008, 71쪽.

4 심혜련, 「발터 벤야민(Walter Benjamin)의 아우라(Aura) 개념에 관하여」, 『시대와 철학』 12권 1호, 2001, 159–160쪽.

5 Walter Benjamin, *Gesammelte Schriften* I, s. 480. (몸메 브로더젠, 『발터 벤야민』, 190쪽에서 재인용).

6 심혜련, 「발터 벤야민(Walter Benjamin)의 아우라(Aura) 개념에 관하여」, 165–167쪽.

7 심혜련, 「도시 공간 읽기의 방법론으로서의 흔적 읽기」, 『시대와 철학』 23권 2호, 2012, 72–79쪽.

8 양병우, 『歷史의 方法』, 민음사, 1988, 15–16쪽.

9 역사학과 그 인접학문들에서 이러한 연구방법은 낯선 것이 아니다. 그 한 예로, 고고학이나 인류학은 '유물'이라고 하는 과거 세계의 실재를 증명하는 흔적을 '읽음'으로써 과거 세계를 유추하여 재구성하는 대표적인 학문이라고 할 수 있다.

10 심혜련, 「도시 공간과 흔적 그리고 산책자」, 『시대와 철학』 19권 3호, 2008, 124, 126, 128, 129–131쪽.

# 산티아고 데 콤포스텔라로 가는 순례의 길, 그리고 그 가운데에서 만나는 치유의 의미

박승민

# 산티아고 데 콤포스텔라로 가는 순례의 길, 그리고 그 가운데에서 만나는 치유의 의미

## 1. 시작하며

여행은 자신의 마음 속 본질과 만나기에 더할 나위 없이 좋은 방법이다. 현대인에게 있어 여행은 지친 일상을 탈출하여 그간 수고한 자신에게 주는 보상임과 동시에, 미지의 낯선 곳 체험을 통해 자신의 삶에 대한 새로운 통찰을 불러일으키기에 최적의 조건을 만들어 준다. 현대인이 여행을 떠나는 이유는 단순히 현실로부터 벗어나거나 기분전환을 위해서라기보다는 삶속에서 부딪치는 여러 문제들을 치유하거나 회복하고자 하는 욕구가 발현되기 때문이라 할 수 있다. 여행은 생활에 지친 자신의 몸과 마음에 대한 치유의 의미를 가질 뿐만 아니라 삶의 전환점을 제공해 주기도 한다[1].

때문에, 최근에는 상담 분야에서도 여행 치료(travel therapy), 즉 여행이 주는 치유적 의미를 탐구하는  주제에 대한 관심이 대두하고 있다. 아직 상담학 분야에서 공식화된 용어는 아니지만, 여행치료는 현대인이 여행을 갈구하는 것 만큼, 그리고 자신의 물질적 자원과 계획에 의해 여행을

---

* 이 글은 『인문학연구』 46호(2017.12)에 게재된 필자의 논문을 본서의 취지에 맞도록 수정한 것입니다.

갈 수 있을 정도의 사회경제적 여유가 있는 사람들이 점차 늘어감에 따라 새로운 상담의 분야로 발전할 가능성이 높다. 실제로 이승철 등의 조사[2]에 따르면, 우리 사회에서 공감, 위로, 치유에 대한 요구가 급증하고 있고, 마음과 정신의 상처에 대한 치유에 큰 관심을 보이고 있는 것으로 나타났다. 최근에 다양한 장르의 예술치료가 주목을 받는 것 역시 사람들이 자신이 직접 경험하고 표현하는 것을 통해 치유가 필요한 사회 속에서 살고 있다는 점을 반증하는 예일 것이다.

이처럼 여행이 우리 삶에 주는 치유적 의미에 대해 공론화된 공통인식이 있음에도 불구하고, 그간 여행이 주는 치유적 의미에 대해서는 상담학 보다는 관광학이나 문화커뮤니케이션, 교육학 등의 분야에서 연구[3]가 더 많이 이루어진 것으로 보인다.

여행과 순례의 차이는 무엇일까? 순례라는 용어는 종교적인 의식과 의미를 담은 여행이라는  의미로 이해되는 경우가 많다. 하지만 '순례'라는 말 속에 낯선 곳을 떠나 새로운 환경, 문화와 맥락, 그리고 사람들을 경험한다는 의미 이상의 의미가 담겨 있다는 점은 분명한 것 같다. 오늘날의 관점에서 순례는 당시 시대를 살았던 사람들의 발자취, 생각, 신앙, 문화와 삶의 궤적을 그대로 밟아가고 기억하는 것을 의미한다. 뿐만 아니라 오늘날을 사는 우리가 어떤 점을 공유하고 자신에 비추어 살아나갈지에 대한 통찰과 교훈을 얻어가는 길이 바로 순례길이라 생각된다. 한 시대를 살았던 누군가의 발자취, 그리고 역사적 사건들의 압축된 일면들이 고스란히 담겨있는 장소를 돌아보며, 그 시대를 살아온 사람들의 내러티브를 읽어내고 자신의 삶에 비추어보는 것 역시 순례를 통해 가능한 일일 것이다. 이러한 프로세스가 가능할 수 있는 건 아마도 다른 사람들의 삶을 목도한 바를 통해 자신이 그간 살아온 모습에 대해 반성하고, 새로운 삶을 결심하고 나아갈 것을 다짐하는 자기반영적 역량(self-reflective competency)을 우리가 가지고 있기 때문이 아닌가 한다.

순례의 길은 험난한 고행의 길이다. 구본식[4]은 중세 가톨릭 교회의 성지순례를 하는 이들이 그토록 지난한 여정을 감내하고 기꺼이 순례에 참여하는 다양한 동기와 의미를 분석 및 정리하였다. 먼저 신의 존재를 찾아 신을 만나고 경의를 표하기 위해, 또 자신의 소망을 빌고 자신의 맹세나 의무를 실행에 옮기기 전 자신에게 하는 의식(rirual)의 의미로 순례에 참여한다는 것이다. 더불어 순례길에서 고행을 하는 것이 예수님의 발자취를 따라가는 자기수행의 일환이 되기 때문이라고 하는 경우도 있고, 정신적으로 원기를 회복하거나 영적 카타르시스를 느끼기 위해 순례에 참여하는 것으로 설명하였다. 오늘날 이루어지는 순례의 본질 역시 크게 다르지는 않은 것 같다. 다만 종교인인지의 유무를 떠나 많은 사람들이 순례에 참여하는 이유의 공통점을 찾아본다면 삶을 좀 더 의미있게 만들려고 하는데 주된 목적이 있을 것이라 생각한다. 성지로 향한 여행을 통해, 각 개인은 삶의 궁극적인 근원으로 이르는 길을 발견하고자 한다. 또 기나긴 순례길은 필연적으로 자신의 의지와의 싸움, 자신의 나약함과의 싸움, 그간 내려놓지 못했던 자신의 욕망과 욕심, 기대와 죄책감 수치심 등 자신에 대한 상념을 내려놓는 작업이 이루어지기도 하는 길이다. 이처럼 순례길은 온갖 시험과 고난의 집결체일 수도 있다. 이곳이 주는 시련과 고난을 극복하고 신성한 장소에 도착해서 그렇게 자신을 향하게 한 신이 주신 힘의 비밀을 알고자 하는 동기가 이들을 순례에 참여하도록 하는 것은 아닐까?

이에 본고에서는 Jung의 분석심리학의 주요 개념들을 적용하여 순례의 치유적 의미를 크게 두 갈래로 고찰하고자 한다. 먼저 기독교 역사속에서 태동한 순례의 의미를 살펴보고자 한다. 다음으로, 우리 삶과 맞닿은 순례의 의미를 살펴보기 위해, 우리에게 잘 알려진 스페인의 카미노 데 산티아고(Camino de Santiago) 순례를 모티브로 한 두 편의 영화 주인공의 순례 체험을 분석해 보고자 한다.

## 2. 기독교 역사와 순례, 그리고 카미노 데 산티아고

### 2.1. 기독교 전통에서의 순례

사전적 의미로 '순례(pilgrimage)'는 '외국인이나 나그네 또는 신성한 곳을 찾아가는 사람의 여행'이라는 뜻을 지닌 라틴어 '펠리그리누스(peligrinus)'에서 파생되었다고 한다. 또는 '들판을 가로질러'라는 뜻의 라틴어인 '페르 아그룸(per agrum)'에 뿌리를 두고 있다고 설명하기도 한다[5]. 종교적 의미로서의 순례란 신성(神性)이 깃든 곳을 찾아가서 신께 예배를 드리고 신성의 의미를 묵상하며 감사를 드리는 행위로 정의되며, 어느 종교 어느 민족에만 한정하여 설명되지는 않고 있다.

하지만 특히 기독교 전승을 살펴볼 때, 순례는 중요한 기원을 가진다. 왜냐하면 이스라엘 민족의 역사가 곧 순례 그 자체이기 때문이다. 구약시대부터 순례는 하나님께서 머무시는 곳인 성소를 찾아가 그 분을 뵙는 것을 의미하였다[6]. 최초의 순례자는 아브라함이다. 그는 4천여년 전 하나님의 존재를 따라 우르에서부터 하란, 그리고 가나안까지의 긴 여정을 이어갔고, 그의 후손인 모세는 이스라엘 민족을 이끌고 이집트로부터 벗어나 약속의 땅을 향하여 나아가는 출애굽 역사를 이루어내었다. 이처럼 구약시대 이스라엘 민족의 역사는 기나긴 순례의 역사라 해도 과언이 아닐 것이다. 통일왕국에서 왕국의 분열, 그리고 다시 이스라엘로 돌아오는 귀로 가운데에서도 이스라엘 민족에게 있어서 예루살렘은 언약의 궤가 있는 곳, 예수그리스도가 인류를 대신해서 죽으시고 부활하신 곳으로서, 이스라엘 민족이 그들의 정체성을 확인하기 위해 정기적으로 다녀와야 하는 거룩한 장소가 되었다.

기독교인들에게 있어서 순례의 의미는 이스라엘 민족의 정체성을 기억하는 것 이상의 의미를 갖는다. 왜냐하면 예수는 구원을 믿고 실천하는 자가 곧 거룩한 공간인 성전이며 그러한 사람들의 모임이 있는 곳이면 언제 어디서나 하나님의 은혜와 구원이 이루어질 것임을 선포하였기 때문이다. 이에 예수그리스도의 죽음과 부활 뒤에 바울사도를 비롯한 예수의 제자들이 세계 각처에서 교회를 건립하고 예수님의 말씀을 전하며 전도를 하기도 하였고, 예루살렘 지역에서 이스라엘 민족의 전통을 지키면서 초대 교회와 공동체를 지켜나간 이들도 있었다. 그러다가 312년 콘스탄티누스 황제에 의해 기독교가 공인되면서 예수의 죽으심과 부활, 그리고 박해시기 순교자들의 행적에 대한 조사 등이 본격적으로 이루어지게 되고, 기독교의 순례는 새로운 국면을 맞이하게 되었다[7].

기독교 공인 후 처음에는 박해시기의 자료가 충분하지 않았기 때문에 순례는 박해사건의 현장을 찾는 목적으로 주로 이루어졌다. 그래서 신자들을 대상으로 예수 그리스도의 공생애 시기의 전승을 수집하는 일과 역사적 사건이 일어난 현장을 발굴하는 일이 교회에서는 시급한 문제로 대두되었다. 그리고 이 모든 일에 로마 황제의 후원이 절실했기 때문에 황제의 정치적 위상도 높아졌다. 아울러 새로이 지어진 성당과 조성된 성지 주변의 상인들은 이 역사적 사건들과 관련된 상품들을 찾는 순례자들을 대상으로 안정적 수입을 얻고자 하였다. 이런 복잡한 사정으로 성서상의 사건이 벌어진 곳 외에도 순교자들의 시신이 묻혀 있거나 유해가 옮겨진 곳들을 중심으로 새롭게 많은 순례지가 조성되었다[8].

중세에 들어와, 성스러운 곳으로 순례를 떠나는 일은 지극히 일반적인 관행이었다. 당시의 순례자들은 예루살렘과 로마로 이르는 멀고 지루한, 때로는 위험스러운 길에서 도움을 받기 위해 성경과 고전문학 작품 등을 소지하고 다녔다고 한다. 유럽 전역에서 산티아고 데 콤포스텔라로 순례를 떠나기 시작한 것은 10세기 중반부터로 추정되며, 18세기까지 이곳에 있는 성 야고보의 무덤을 찾아가기 위해 해마다 수십만 명의 순례객들이 몰렸다고 한다. 이들을 위해 순례자 안내서(The Pilgrim's Guide)가 쓰여질 정도로 순례의 열기는 대단했다고 한다. 이 순례자 안내서는 교황 칼릭스투스가 명하여 작성되었다고 전해지는데, 당시 콤포스텔라가 이베리아 반도에 있었고, 그 당시 이베리아 반도에서 기독교세력이 확장을 꾀하고 있었으므로, 산티아고 순례를 더 촉진시키기 위한 방편으로 쓰여졌다고 보는 시각도 있다[9].

### 2.2. 분석심리학적 관점으로 본 산티아고 순례길과 산티아고 데 콤포스텔라의 상징성

산티아고 순례길. 우리 말로 '산티아고로 가는 길'이란 뜻으로 번역되는

'카미노 데 산티아고(Camino de Santiago)'는 예수의 열두 제자 가운데 한 명인 야고보 사도의 유해가 안치되어 있다는 스페인 북서부의 도시 '산티아고 데 콤포스텔라(Santiago de Compostela)'로 가는 순례길이다. 이 순례길은 출발지점이나 과거 그 용도에 따라 '프랑스 길', '포르투갈 길', '북쪽 길', '은의 길', '영국 길' 등 다양한 이름을 가진 여러 갈래 길로 이루어져 있다. 이 가운데 가장 대표적인 길로 알려져 있는 프랑스길(Camino Frances)은 그 거리가 무려 800여㎞에 이르는데, 건강한 사람이 하루 평균 25㎞를 걷는다고 가정했을 때 한 달 이상의 기간이 걸린다고 한다. 그래서 이 길을 걷고자 하는 사람들은 직장을 그만 두고 미리 체력보강 운동을 한다는 이야기도 전해진다. 이베리아 반도 북쪽 끝자락에 위치한 도시로서 중세 유럽인들에게조차 낯선 장소였던 이 기독교 성지로 향하는 길에는 오늘날까지 수많은 순례객들과 단순 관광객들이 몰리고 있다 한다. 그 이유는 무엇일까? 필자가 보기에는 무엇보다도 이 길을 걷는 시간이 사람들이 자신에 대한 면면들, 삶을 돌아보며 깨닫게 되는 점들, 자신의 삶의 의미를 깊이있게 발견하는 시간이 되기 때문은 아닐까 한다. 특히 우리나라에서는 파울로 코엘료(Paulo Coelho)의 소설 『연금술사; O alquimista』와 『순례자; O diario de um mago』에 산티아고 순례길이 소개되면서, 실제로 이 책이 국내에 소개된 2006년 이래 우리나라에서는 이 순례길을 찾는 사람들이 크게 늘었다고 한다.

앞서 말한 것처럼 카미노 데 산티아고 중 가장 오랫동안 사랑받아온 길은 '카미노 데 프랑세스'(프랑스 사람들의 길)[10]이다. 이 길은 1993년 유네스코 세계문화유산으로 지정되기도 했다. 거친 흙 길, 황무지의 고된 코스에서부터 고즈넉한 숲길, 병풍처럼 둘러진 암벽의 황홀한 절경, 지평선

위로 펼쳐진 밀밭까지 순례길의 자연을 스크린으로 감상할 수 있다. 순례길의 곳곳마다 나타나는 노란 화살표와 조가비 문양들도 이 길이 야고보 사도의 길이라는 상징적 의미를 제공한다.

산티아고 순례길의 종착지인 산티아고 데 콤포스텔라는 앞서 언급한 대로 예수님의 열두 제자 중 한 분인 야고보 사도의 무덤이 발견된 곳이다. 이 도시는 스페인 북서쪽 갈리시아 지방의 중심지로, 1985년에 이미 유네스코 세계유산[11]으로 선정되었는데, 2000년에는 브뤼셀, 아비뇽, 프라하, 헬싱키 등과 함께 유럽문화수도로 선정되기도 했다. 이곳에 있는 '산티아고 데 콤포스텔라 대성당(Cathedral of Santiago de Compostela)'에는 예수의 열두 제자 가운데 한 사람인 야고보 사도(St. James)의 유해가 안치되어 있다. 레오 3세(795~816재위) 교황이 이곳을 성지(聖地)로 지정하면서, 예루살렘과 로마에 이어서 3대 순례지로 발전하게 되었다. 산티아고 대성당에서는 미사 집전시 보타푸메이로(Botafumeiro)라는 대향로를 긴 밧줄로 당기며 연기가 피어오르게 하는 공중그네식 전례를 진행한다. 이 역시 산티아고 데 콤포스텔라 대성당의 순례자들에게 유명한 장면이라고 한다[12].

▲ 클라비호 전투의 성 야고보 (후안 카레뇨 데 미란다 作)
[그림출처] https://www.wga.hu/art/c/carreno/st_james.jpg

산티아고 대성당에 묻힌 야고보 사도는 스페인 기독교 역사에서도 중요한 인물이다. 그는 예수의 죽음과 부활이라는 인류 구원의 사건을 직접 목격하였을 뿐 아니라, 기독교의 역사 속에서 한 축을 차지하기도 한다. 특히 스페인에는 야고보 사도와 관련된 아주 다채로운 전승이 있다. 그의 유해가 스페인으로 들어올 때는 천사가 양 옆을 붙잡고 있는 돌로 만들어진 배가 선원도 노도 없이 일주일 동안 지중해 가장 동쪽에서 시작하여 당시 세계의 끝까지 갔다가 그가 선교했던 스페인으로 돌아왔다고 한다. 아울러 844년 기독교도였던 라미로(Ramiro) 1세(842~850)가 이방인인 무어인들과 전투를 벌일 때 성 야고보가 기사의 모습으로 나타나 이교도를 물리칠 수 있게 도와주었다는 전설도 있다. 이후 성 야고보는 스페인의 수호성인으로서 '마타모어(Matamore)', 곧 '무어인의 정복자'로 숭상되기에 이르렀다고 한다. 이처럼 산티아고 순례길은 이런 기독교의 순례 역사를 잘 반영한 장소로서 의미가 있다[13].

▲ 산티아고 대성당 내부

위의 전승에 대해, 혹자는 스페인 정부에서 카미노 데 산티아고를 문화 콘텐츠로 잘 승화시켰다고 보는 입장을 제시하기도 한다[14]. 그러나 필

▲ 성 야고보의 무덤

자의 관점에서는 문화 콘텐츠 이전에 초대교회 시기부터 중세에 이르기까지 이방민족과 치열하게 싸워 온 이베리아 반도 사람들이 오랫동안 축적해 온 집단무의식의 원형이 발현된 것으로 해석할 수 있다고 본다. Jung의 분석심리학적 관점을 적용하여 조금 더 고찰해 보자. 집단무의식(collective unconscious)은 Jung의 이론이 다른 이론들과 가장 차별화된 개념으로서, Freud 이론에서의 무의식과 같은 개념인 개인 무의식과 달리 특정한 개인의 경험과 인식의 내용을 담고 있지 않다. 여기서 '집단'이라 함은 그 내용들이 모든 인간에게 보편적인 것이라는 점을 의미한다. 따라서 집단 무의식은 인류에게 전해 내려온 보편적인 경향성으로서 신화적 모티브와 표상 형성의 바탕이 된다[15]. 집단무의식을 구성하는 주된 내용은 본능과 원형(archetype)이다. Jung은 집단무의식의 원형을 가장 잘 찾아볼 수 있는 대상이 신화 또는 민담이라고 하였으며, 종교성은 인류가 보편적으로 갖고 있는 집단무의식의 핵심적 원형이라고 보았다. 성 야고보 사도의 전승을 놓고 보면, 이방민족의 침략으로 끊임없는 전쟁과 고통 속에서 살아가는 사람들 앞에 성 야고보가 백마를 타고 기사의 모습으로 나타나 이방인들을 모두 물리친 것은 Jung의 개념으로 볼 때 매우 중요한 상징성을 띤 내러티브로 해석할 수 있다. 즉 더 높은 정신성과 내적인 통합을 이루지 못하고 고통받고 있던 당시 사람들을 성 야고보 사도가 나타나 구해줌으로써, 이들이 인간 본연의 방향, 즉 전체성을 이룰 수 있도록 지켜준 것이다. 따라서 성 야고보 사도의 길은 사람들로 하여금 통합을 이루지 못해 고통 속에 살던 삶으로부터 자신의 원형의 통합, 전체성으로의 도달, 개성화 과정을 향해 가는 순례의 길로서의 상징성을 지닌다. Jung은 개성화 과정이 정신치료의 목표일뿐만 아니라 모든 정신의 목표라고 주장한 바[16], 산티아고 순례길은 바로 각 개인의 개성화 과정으로의 길이라는 상징성을 가진다고 해석할 수 있다.

오늘날 많은 사람들이 산티아고 순례길을 일명 '치유의 길', '자아를 찾아가는 길'이라고 부르는 것 역시 Jung의 개념으로 그 의미를 이해할 수 있다. Jung에게 있어 치유란 정신의 전체성, 전인성을 회복하는 일이다. 인간의 여러 심리적 문제의 원인을 자기 내면 깊숙이 잠재된 집단무의식과의 단절에서 찾기 때문에, 단절된 집단무의식을 의식의 영역에 다시금 불러와 통합하는 작업이 중요하다[17]. 무의식의 상당 부분은 우리가 적극적으로 인식하려 노력함으로써 의식화 할 수 있으며, 의식화 하는 과정을 통해 우리에게는 새로운 통찰이 일어난다. Jung은 의식에 가장 가까이 있는 무의식의 내용인 그림자이고, 이 그림자는 우리가 평소에 잘 드러내는 겉모습인 페르조나의 반대적 속성을 띠고 있다고 보았다. 자신이 자신도 모르게 감추고자 하는 측면들, 자신이 싫어하는 속성 등이 바로 그림자의 일면이다. 따라서 무의식의 의식화 과정에서는 제일 먼저 만나는 것이 그림자이다[18]. Jung은 무의식이 정신의 근원적인 에너지로 전체성을 향해 나아가는 실체라고 보았기 때문에, 자율적으로 자신의 본질적 속성을 발견할 수 있게 한다. 복잡다단한 일상으로부터 벗어나 오로지 순례길에 나선 자신과 대면하고, 길 위에서의 예기치 않은 낯선 사람과의 만남을 통해 순례자는 그 낯선사람을 통해 자기 안에 있는 그림자를 발견할 수도 있다. 이러한 자신과 자신과의 관계, 또 자신과 타인과의 관계 속에서의 발견을 통해 순례자는 자신의 본질에 더 다가가게 되고 자신이 정말 무엇을 추구하여 왔는지를 찾는 작업을 실행할 수 있게 된다. 자신의 내면에 있던 무의식의 어두운 그림자가 드러나게 되고, 겸허하게 자신의 한 측면으로 통합하는 과정이 일어난다. 이것이 바로 Jung이 말한 '자기실현' 또는 '개성화(individuation)'이다. Jung 전문가인 정신의학자 이죽내 박사가 말한 것처럼, 개성화된 자아는 자기(Self)가 주체로 서게 하며 자아 자신은 자기의 객체가 된다[19]. 이것은 자기 자신을 객관화된 자기로 이해하게 된다는 것을 의미한다. 다시 말해, 대극의 화해와 이를 통한 전체성의 달성을 의미하는 것이며, 이는 곧 Jung이 이해하고 있는 '구원'의 의미와도 맥을 같이 한다[20].

## 3. 순례의 치유적 의미: 산티아고 순례길을 배경으로 한 영화 속 주인공들의 심리 분석을 중심으로

영화는 영화 속 주인공의 삶을 영상과 음향을 통해 만나게 해 주는 현시성의 장르이며, 관객으로 하여금 주인공의 삶을 공시적으로 경험하도록 하는 장르라 할 수 있다. 영화 역시 지금까지 문학이 해 왔던 것처럼 각 시대의 반영이며 각 사회의 기록이다[21]. 이에 본 절에서는 영화 속 주인공의 삶과 심리 분석을 통해 순례의 치유적 의미를 찾아 보고자 한다.

## 3.1. 영화 속 주인공이 경험한 산티아고 순례의 길

### 3.1.1. 〈The Way〉의 주인공 탐 에이버리

에밀리오 에스테베즈 감독의 영화 〈The way〉는 순례의 의미를 보다 널리 알리고 보다 많은 사람들이 순례에 참여하기를 바라는 목적으로 제작되었다고 알려져 있으나, 실제 이 영화에서 종교적 의미로 순례를 알리는 뉘앙스는 강하지 않다. 오히려 길, 즉 까미노(Camino)를 걷는 데에는 인종, 성별, 나이를 불문하고 한 인간으로서 자신의 삶과 마주한다는 메세지가 더욱 강하다.

영화의 줄거리를 잠시 살펴보자. 주인공인 탐 에이버리는 안과 전문의로서 노년에 접어든 시절을 평화로이 즐기고 있다. 반면 아들은 삶의 의미를 찾는 일과 모험을 좋아한다. 아들은 그동안 해 오던 의사 공부를 중단하고 더 넓은 세상을 보겠다며 아버지에게 산티아고 순례길 동행을 요청한다. 아버지는 그런 아들을 보면서 세상을 잘 모르는 철없는 행동이라 생각하고, 지금 현재 하고 있는 공부부터 먼저 잘 마치길 원한다. 그리고 아들의 여행 동행 요청을 거절한다. 이에 아들은 그 흔한 휴대전화도 없이 간단한 메시지 하나만 아버지에게 남기고 여행을 떠난다. 한가로이 친구들과 골프를 치던 어느날, 탐 에이버리는 아들이 사고로 사망을 했다는 소식을 듣는다. 그의 유품을 찾기 위해 산티아고 순례길의 출발지점으로 잘 알려진 생장피에드포르(St. Jean Pied de Port)에 도착한 탐은 아들의 유해 앞에서 한없는 회한에 휩싸이고, 무언가를 결심한 듯 아들의 유골을 품고 산티아고 순례의 여정을 대신 떠난다.

결심은 했지만 이런 불편한 여행은 처음이었던 탐에게는 만만치 않은

▲ [그림출처] http://m.blog.daum.net/ukeface/17275541

이 순례의 길이 보통 고행길이 아니었다. 프랑스와 스페인의 국경에 있는 생장피에드포르에서 시작해 "성 제임스"의 유해가 묻혀 있는 "산티아고 데 콤포스텔라"까지 스페인 북서해안 800km의 여정을 오로지 걸어서 도착하는 길. 아들의 유해함이 담긴 배낭을 절벽아래 떨어뜨리는 바람에 미친 듯이 계곡물과 사투를 벌이며 배낭을 지키기도 하고, 잘 곳이 없어 헤매다가 무심하고 친절하지 않은 여관 주인에게 겨우 한 자리를 받아 끼니를 굶은 채 쪽잠을 자기도 한다. 이처럼 피곤한 하루하루를 보내며 순례길을 걷는 탐. 하지만 그는 이 길에서 '사람'을 만난다. 먹는걸 좋아하면서 살을 빼기 위해 까미노를 걷는 네덜란드 사람도 만나고, 성야고보성당에 도착하면 금연을 하기로 결심했다면서 담배를 늘상 입에 물고 다니는 까칠한 여성도 만나고, 글 쓸 소재를 못 찾아 고뇌하는 인기 없는 작가도 만난다. 그렇게 순례길 중에 만난 세 명은 어느덧 한 팀이 된 것처럼 탐과 함께 길을 걷기 시작한다. 각자가 살아온 인생, 까미노를 걷는 목적, 생각과 철학이 다르지만 길을 걸으며 이들은 소통하고, 같이 느끼고, 상처를 치유하는 여정을 계속해 간다.

탐은 이미 세상에 없는 아들을 만나고 그 아들과 동행함을 느낀다. 바람 부는 언덕에서 만나고, 파도치는 해변에서 만나며, 새로운 사람들과의 술자리에서도 만난다. 산티아고 대성당에서 보타푸메이로(Botafumeiro) 대향로 의식 가운데에서도 아들을 발견한다. 뜻하지 않게 순례의 여정을 거치면서 탐은 비로소 아들을 한 '사람'으로서 만난다. 그 아들이 항상 그와 함께 걸었고, 탐 역시 아들의 마음을 느꼈다.

잔잔하고 묵직한 감동을 주는 이 영화는 순례가 우리의 삶에 주는 의미가 무엇인지를 생각하게 한다. 순례길 위에서 만남의 의미는 무엇인지, 누구든 처음 만나는 사람도 다 동고동락하는 친구가 되는 신비에 대해서도 생각하게 한다. 이 영화에서 가장 인상적인 대사는 "You don't choose life Dad, You live one(아버지, 삶은 선택하는게 아니예요. 그저 살아내는 것이지요)"이다. 이 말의 의미는 듣는 사람에 따라 조금씩 달리 와 닿을 수 있을 것 같다. 하지만 우리의 삶이 어떤 방향으로 흘러가든, 우리가 순간순간 살아있는 자신, 있는 그대로의 자신을 바라보고 최선을 다하는 것이 삶에서 중요하다는 점을 공감할 수 있다.

### 3.1.2. 〈나의 산티아고(Ich bin dann mal weg)〉의 주인공 하페 케르켈링

▲ 그림출처: Netflix(2005) https://de.flixable.com/title/80222897/

이 영화는 독일의 유명 코미디언 하페 케르켈링의 에세이 『산티아고 길에서 나를 만나다: 나의 산티아고 길 여행』[22]을 원작으로 하고 있다. 하페는 어느 날 스탠딩 토크쇼를 하던 중에 쓰러진다. 응급실에 실려가 담낭 제거 수술을 받은 그는 의사로부터 "스트레스로 죽을 수도 있다"는 경고와 함께 "무조건 석달동안 아무것도 하지 말라"는 처방을 받는다. 꼼짝없이 아무것도 안하고 시간을 보내던 하페는 어느 날 비몽사몽간에 신에 대한 의문을 던진다. 마침 접하게 된《기쁨의 야고보 길》을 읽은 하페는 '산티아고의 길 순례'를 결정한다. 프랑스 길, 즉 프랑스 남부 국경 마을 생장피데포르(Saint-Jean-Pied-de-Port)에서 피레네 산맥을 넘어 산티아고 데 콤포스텔라(Santiago de Compostela)까지 이어지는 800㎞의 순례 대장정에 오른 하페는 첫날부터 폭우와 마주친다. 허름하고 붐비는 숙소에 발바닥의 물집까지 생겨 고생이 이만저만이 아니다. 피곤한 몸을 이끌고 열악한 환경과 마주하는 순례길은 험하기 그지없다. 게다가 홀로 걷는 외로움도 하페가 싸워야 하는 요소이다. 코미디언인 만큼 우스꽝스럽게 상황대처를 하기도 하는 하페. 걷다가 너무 힘들면 가끔 농부의 차도 얻어타고, 버스를 이용하는 잔꾀를 부리기도 한다. 하지만 거의 매일같이 20~30㎞의 길을 걸으며 순례를 이어간다. 그 42일간의 여정 동안 하페는 어린 시절 교회에서 신부님과 대화 속에서 의문을 가졌던 하나님의 존재, 자신의 마음속에 품고 있었던 하나님에 대한 기억을 떠올린다. 자신의 정체성에 대한 고민부터 하나님의 존재에 대한 사색과 회의, 삶과 죽음의 문제 등 질문을 던진다. 그리고 그 답을 하나하나 찾아나간다.

매일같이 하루 일과를 기록하면서 하페는 삶과 신앙에 대한 생각들을 마음에 채워간다. 놀랍게도 그가 길에서 만나는 모든 사람들은 산티아고 길의 힘에 대해 추호의 의심도 하지 않는다. 모두가 신의 존재를 확신하고, 순례를 끝내는 순간 각자가 찾고자 했던 그 무언가를 찾을 수 있을 거라 굳게 믿는다. 하지만 하페는 끊임없이 의심하고 질문을 던진다. 신은 과연 어디에 있는가, 그는 어떤 존재인가? 나는 누구인가? 나는 제대로 가고 있는 것인가? 내가 정말 걸어서 산티아고까지 갈 수 있을까? 순례의 종착점까지 가게 된다면, 그로 인해 내 인생 또한 변화할 수 있을까? 이러한 물음들에 대한 깨달음을 얻어 가면서 하페는 자신의 내면에서 '치유의 순례'가 일어나고 있음을 알아차리게 되고, 자신만의 독특한 방법으로 하나님을 체험한다.

마침내 아스토르가(Astorga)로 가는 포도밭 한가운데, 하페는 우뚝 서서 갑자기 울음을 터뜨린다. 왜 그랬는지는 전혀 알 수 없지만 그는 이 순간부터 하나님을 비로소 '나와 당신'으로, 존재 대 존재로서 만난다. 일종의 카타르시스처럼, 그는 끊임없이 존재에 대해 의심을 품어오던 신과의 아주 인격적인 만남을 경험한다. 순례길에서 만난 스텔라와 레나 등 동반자들과의 만남 속에서 포기할 것이라는 두려움을 떨치고 '함께 걷는다는 것'의 의미 역시 새롭게 받아들인다.

이 영화의 한 장면 한 장면이 시종일관 하페의 솔직한 신앙 체험이 고스란히 관객에게 전해질 수 있도록 배려하는 듯 펼쳐진다. 영화를 보는 내내 하페와 함께 순례를 하고 있는 듯한 느낌이 들 정도로 생생하게 또 진지하게 관객을 안내한다. 주인공인 하페가 끊임없이 자신에게 던진 핵심 질문은 "나는 누구인가?"이다. 신은 존재하는가? 어디에 존재하는가? 우리는 신을 어떻게 만날 수 있는가? 산티아고 순례길에서 하나님을 만나는 체험을 한 하페는 "모든 것을 차례차례 돌이켜보면 길 위에서 신은 나를 끊임없이 공중에다 던졌다가 다시 붙잡아주었다. 그렇게 우리는 날마다 마주쳤다"라고 고백한다. "내 자신이 누구인지 나조차도 한 번도 제대로 알지 못했던 것 같다"라고 고민했던 하페는 산티아고 길을 걸어갈수록 산티아고에 가까워질 뿐 아니라 그는 스스로에게도 점점 다가가고 있음을 느끼게 된다. 자신의 내면이 파헤쳐진 공사 현장 같다고 느끼는 그는 애써 밀어냈던 자신의 어두운 그늘을 고통스러우면서도 담담한 가운데 직시하게 되고, 그 과정을 통해 결국 자기 자신과의 진지한 만남에 성공하게 된다.

## 3.2. 영화 속 주인공들이 경험한 순례의 치유적 의미

두 편의 영화 모두 나름 일상에서 잘 지내거나 소위 '잘 나가던' 주인공들이 갑작스럽게 만난 좌절로부터 이야기를 시작한다. 그러나 두 주인공이 순례길에서 마주하는 만남의 본질은 서로 다르게 그려진다. 두 주인공이 경험한 순례의 치유적 의미를 분석심리학의 개념을 적용하여 고찰해 보고자 한다.

### 3.2.1. 아들과 아버지의 화해, 그리고 아버지의 페르조나와 그림자 간의 화해

영화 "The Way"의 주인공 탐 에이버리는 산티아고 순례길에서 죽음을 맞이한 아들에 대한 애도 과정으로, 아들의 유골과 함께  산티아고 길 순례를 떠난다. 이전의 관계와는 전혀 다른 관계 양상으로 말이다. 서로가 대면하며 생생하게 대화를 주고받던 모습이 아닌, 유골함에 들어있는 아들과 살아있는 아버지의 모습으로 함께 순례길에 오른다. 함께 순례길을 가지만 정작 둘은 대화를 할 수 없다. 하지만 탐은 늘 순례길 곳곳에서 아들을 만난다. 탐의 마음 속에 아들은 지금까지 현시적인 모습이 아닌 새로운 타자의 모습으로 존재하는 것이다. 자신이 아들과 더 시간을 보내지 못한 것에 대한 회한, 아들이 생각한 삶의 의미에 대해 관심을 기울이지 못해 온 것에 대한 회한, 현실적 필요에 따라 살아왔고, 아들에게도 그것을 기대한 나머지 정작 아들이 가장 원했던 것을 챙기지 못한 것에 대한 죄책감 등... 스스로에 대해 용서하기 어려운 면들을 만나고 용서하는 과정을 경험한다. 너무나 현실적이지 않고 이상주의적인 아들을 답답해 했던 아버지, 그 아들의 모습은 자신의 무의식 속에 있는 그림자로 볼 수 있다. Jung은 그림자는 자아로부터 배척되어 무의식에 억압된 열등한 측면이라고 했다. 자아가 한쪽 면을 지나치게 강조하면 그림자는 그만큼 반대편 극단을 나타낸다는 것이다[23]. Jung이 말하는 그림자에 대한 통찰이란 바로 자신 안의 열등한 인격에 대한 자기인식이다[24]. 자신이 싫어하는 타인의 면모가 자신 안에 있다는 것을 알게 되는 것만으로도 우리는 자신의 삶을 보다 겸허하고 여유롭게 바라보며, 타인의 상처에도 관심을 가질 수 있게 된다. 따라서 자신의 그림자를 알아차리는 것은 치유로 향하는 중요한 작업으로서, 자신을 보다 겸허히 또 넓은 폭으로 수용하는 것의 첫걸음이 된다. 따라서 그림자를 부정하거나 억압하는 것이 아니라 그림자를 인식하고 의식화할 때 성장으로의 길로 갈 수 있다.

### 3.2.2. 순례길에서 만난 신과의 관계를 통해, 개성화의 과정으로

영화 "나의 산티아고"의 주인공 하페 케르켈링은 과로로 쓰러진 후 무조건 쉬라는 의사의 말에 따른다. 너무나도 바쁜 연예인의 일상에서 아무것도 안하고 지내는 무료한 일상을 보내던 중, 무언가에 이끌리듯이 주변의 만류에도 불구하고 산티아고 순례길을 떠난다. 순례의 길 곳곳에서 하페는 어린시절 어머니가 돌아가셨을 때부터 20대때 연예인이 되기까지 자신의 내면에 묻어 두었던 깊숙한 이야기들을 회상하며, 자신과 자신의 관계, 자신과 신과의 관계를 마주한다. 하페는 순례를 시작하면서부터 일기를 쓰기 시작한다. 이것은 처음에는 그간 늘 떠들썩하게 살던 삶에서 너무 무료해지기 싫어서 자신에게 말 걸기 위한 목적으로 쓴 것이었는데, 순례가 진행되면서 점차 보다 깊이있는 삶의 질문을 던지고 답하는 쪽으로 그 내용이 바뀌어간다. 예컨대 '고통이란 무엇인가..?' '고통이란 '이해하지 못함'이다. 이해하지 못한다면 믿음을 가져야 한다. 고통이란 그 고통을 대하는 우리의 자세에 달려 있다'.

'(인생의 궁극적) 목표에 도달하려면 결국 혼자 가야한다'는 존재론적 외로움을 경험하며, 하페는 묵묵히 순례를 계속한다. 처음에는 육체적으로 힘들고 피곤하여 딴청도 부리고 편리한 교통편과 호텔을 찾지만 점차 고통스러운 순례길을 감내하게 된다. 외로움이 너무 싫어 순례를 그만두려했다가 점차 모든 걱정과 생각을 내려놓고 자신의 호흡만을 느끼며 걸음에 온전히 집중하게 된다. 그러다 어느 순간 주위의 모든 것과 하나가 되고, 텅 빈 자신을 느끼면서 깨달음의 순간을 맞이한다. 현실의 고통을 떠안고 출발하면서 나를 돌아보며 무의식 속 자신의 모습을 바라본다. 어린시절 어머니가 돌아가신 후 맞딱뜨린 외로움, 자신을 돌보아 주시는 할머니가 빨리 돌아가실까봐 하나님이 할머니를 미워하면 좋겠다고 외치는 아이의 모습... 하페가 하나님과 거리를 둔 채 기억 저편 무의식 속에 담아두었던 모습이다. 자신의 그림자를 대면하고 페르소나를 벗어내는 치유의 과정을 통해, 하페는 진정한 자기를 만나는 개성화의 과정으로 나아간다. 그리고 그가 깨달은 깨달음은 "걷다보면 길은 열리기 마련이야. 아무것도 바라지 말 것, 두려워하지 말 것, 기대하지 말 것. 이것이 행복의 열쇠가 아닐까..?." 이처럼 하페는 순례를 통해 자신의 무의식을 만나고, 무의식 속 기억들을 의식화 함으로써 자신의 내면을 온전히 만난다. 그리고 본연의 개성을 발휘하는 개성화 과정을 찾아가는 여정을 완성한다.

## 4. 마치며

본고에서는 순례의 의미를 기독교 역사 속 순례에 대한 분석심리학적 고찰과, 영화 속 주인공의 산티아고 순례길 체험을 분석함을 통해 살펴보았다. 주인공들이 경험한 순례의 치유적 의미를 나와 나, 나와 타인과의 관계에 대한 치유 측면에서 살펴볼 수 있었다. 분석심리학적 관점으로 볼 때, 순례가 갖는 치유적 의미의 핵심은 무의식을 의식화함을 통해 성장하고 마침내 개성화에 다다르는 자기실현 과정과 유사한 경험을 순례의 과정 중에 하게 됨으로써, 이전 보다는 더 성장한 자신, 이전보다 더 여유있고 큰 그릇을 가진 자신의 모습을 만날 수 있다는 점이다. 그리고 그 순례길은 우리 내면의 근원인 신과의 관계, 그리고 구원의 주제와도 연결될 수 있다는 점에서, Jung이 궁극적으로 중요하게 여겼던 우리 내면의 종교성을 일깨워주는 기능을 한다는 점 또한 알 수 있다. 순례길 체험은 유구한 역사동안 전승되어 온 신의 존재에 대한 믿음, 신과 우리와의 관계, 그리고 보편적 인류애, 인간 존재가 갖는 가치 또한 사람들이 깨닫게 해 주는 통로가 된다. 앞서 하페가 고백한 것처럼, 순례길은 하나님을 만나는 통로가 된다. 하나님을 만남으로써 우리 존재에 대해 보다 깊이있게 성찰하게 되고, 인간의 존재 이유과 살아가는 이유, 어떻게 살아야 할 지에 대한 방향성 또한 새로이 세울 수 있게 된다. 변하지 않는 진리 앞에 서서 고유한 자신만의 가치와 살아갈 바를 발견하는 길, 이것이 바로 '순례'의 의미를 가득 담은 순례길이 갖는 가치가 아닐까

작가 파울로 코엘료는 『순례자(O diario de um mago)』에서, "비범한 것은 평범한 사람들의 길 위에 존재한다"[25] 고 했다. "나는 인생의 순례길에서, 어디쯤 와 있는가?" 그리고.. "그 길에서 만난 사람들과의 관계 속에서 무엇을 발견하며 살고 있는가..?" 자신의 고유한 가치, 나의 꿈을 발견하고, 향해 나아가는 여정을 통해, 또 그 가운데에서 만나는 사람들과의 관계 속에서 상처도 받지만, 또 나와의 관계, 다른 사람들과의 관계를 통해 삶 속에서 만나게 되는 그 어려움들을 치유하고 자기실현을 향해 나아가는 우리가 되기를 바란다.

---

1 여행이 가지는 치유적 효과에 대해, 송영민과 강준수는 자연과 마주하고 또 자신과 마주하면서 스스로의 내면과 삶을 깊이 이해하는 과정으로서 도보여행이 갖는 치료적 효과를 프로이트와 라깡의 이론으로 분석하기도 했다. "송영민, 강준수, 「도보여행의 효과에 대한 정신분석학적 고찰」,『관광학연구』, 38권 7호, 2015, 35–55쪽"을 참고하기 바란다.

2 이승철, 강찬구, 이민훈, 이은미, 「힐링을 힐링하다: 힐링열풍의 배경과 발전방향」, 『CEO Information 897호』, 삼성경제연구소, 2013, 1쪽.

3 관광학, 문화커뮤니케이션, 교육학 등 분야의 논문들은 여행, 특히 본고의 주요 주제인 순례가 주는 치유적 의미가 무엇인지에 대해 심리학 이론을 적용하거나, 실제 순례객들의 경험내용이 포함된 인터넷 온오프라인 자료들과 문헌을 분석하는 등 다양한 접근을 시도하였다. 아래의 논문들을 참고하길 바란다:
박인정, 이영관, 「여행치료와 자기실현: 융의 분석심리학을 중심으로」, 『관광연구저널』, 30권 6호, 2016, 21–33쪽.
임경미, 「산티아고 순례길 여행 체험에 대한 평생학습적 의미」, 숭실대학교 박사학위 논문, 2014.
김치완, 「'카미노'와 '올레'를 중심으로 본 문화콘텐츠로서의 길(道)」, 『인문콘텐츠』 30집, 2013, 49–65쪽.
민슬기, 「스페인 산티아고 길 도보순례의 의미와 소비」, 전북대학교 석사학위 논문, 2012.

4 구본식, 「가톨릭교회의 성지 순례: 기원과 중세기의 순례 중심으로」, 『현대가톨릭사상』, 27호, 2002, 35–80쪽.
5 Online Etymology Dictionary. https://www.etymonline.com/word/pilgrim
6 이기락, 「신앙생활과 성지순례: 순례사목을 중심으로」, 『가톨릭 신학과 사상』, 57집, 2006, 136쪽.
7 김치완, 2013, 위의 논문, 55쪽.
8 김치완, 2013, 위의 논문, 55쪽. [구본식의 논문 「가톨릭교회의 성지순례: 기원과 중세기의 순례 중심으로」, 2002, 38–42쪽을 요약 · 기술함].
9 박용진, 「순례와 여행」, 『동국사학』, 53집, 2012, 168~172쪽.
10 *UNESCO World Heritage Centre*. http://whc.unesco.org/en/documents/140279
11 *UNESCO World Heritage Centre*. http://whc.unesco.org/en/list/347
12 *Wikipedia* https://en.wikipedia.org/wiki/Santiago_de_Compostela_Cathedral
13 김치완, 2013, 위의 논문, 56쪽.
14 김치완, 2013, 위의 논문, 54–55쪽.
15 권석만, 『현대 심리치료와 상담이론』, 학지사, 2012, 100쪽.
16 김성민, 「몽골 민담 "모래언덕나라"와 C. G. 융의 개성화 과정」, 『심성연구』 4권 1호, 2009, 70쪽.
17 양승권, 「노자의 내재화된 '도' 범주와 칼 융(C. G. Jung)의 '자기(Self)」,『동양철학연구』, 76집, 2013, 161쪽.
18 이부영, 『그림자』, 한길사, 1999, 52쪽.
19 이죽내, 「융의 분석심리학적 심리치료 개관」,『가족과 상담』, 1권 1호, 2011, 53쪽.
20 김정택, 「가톨릭 미사에서의 '구원'의 상징성」,『심성연구』 24권 2호, 2009, 211쪽.
21 오진곤, 「영화와 문학의 상관관계에 관한 연구」,『현대영화연구』, 7집, 2009, 170쪽.
22 Kerkeling, H.(박민숙 역), 『산티아고 길에서 나를 만나다: 나의 산티아고 길 여행』, 은행나무, 2016.
23 이부영, 1999, 위의 책, 41쪽.
24 이부영, 1999, 위의 책, 184쪽.
25 Coelho, P. (박명숙 역), 『순례자』, 문학동네, 2006, 10–11쪽.

# 제임스 조이스 문학에 나타난 더블린 풍경들

전은경

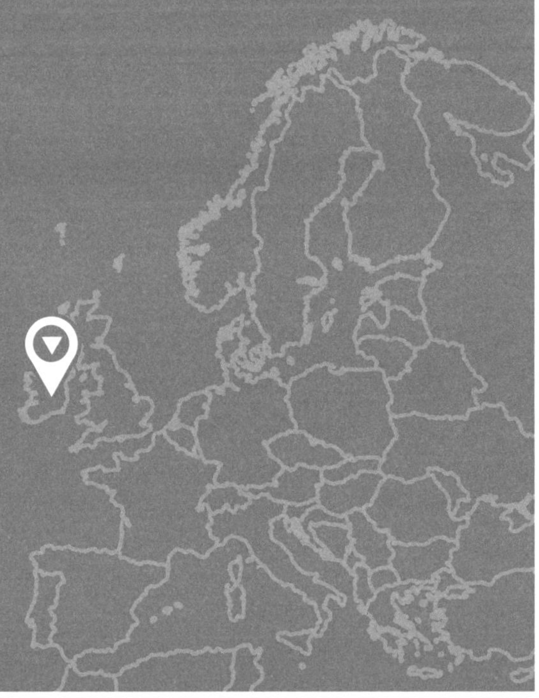

# 제임스 조이스 문학에 나타난 더블린 풍경들

## 1. 아일랜드 역사, 더블린, 제임스 조이스

제임스 조이스(James Augustine Aloysius Joyce 1882-1941)는 "성인, 현자의 나라"로 불리는 아일랜드에서 출생했다. 아일랜드는 영어식 명칭이고 토착어인 켈트어로는 에이레(Eire)라고 부르며 공식명칭은 아일랜드 공화국(Republic of Ireland)이다. 아일랜드는 국가의 크기도 작고 유럽의 서쪽 끝에 위치하여 존재감이 크게 들어나지 않지만 고대와 중세시대에는 많은 기독교 성인과 선교사를 배출해서 유럽에 기독교를 전파했던 학문과 기독교 역사가 긴 나라이다. 하지만 아일랜드 역사를 들여다보면 유난히 외침을 많이 받았는데 지형적으로 강이 많고 수로가 발달하여 8세기부터 11세기 초에 걸쳐 바이킹족이 침략해왔고 이들의 공격에 오랫동안 시달려 오다가 바이킹 족의 세력이 약해질 무렵 영국 왕 헨리 2세가 군대를 이끌고 아일랜드에 들어왔다. 1150년 교황은 아일랜드의 통치권을 헨리 2세에게 양도했고 그는 1171년에 아일랜드에 침입한다. 아일랜드에 대한 영국의 본격적인 지배는 1534년 헨리 8세가 대대적인 아일랜드 침략을 감행하면서 시작

* 이 글은 『인문학연구』 46(2017)에 게재된 필자의 논문을 본서의 취지에 맞도록 수정-보완한 것입니다.

되었고 급기야 1801년 합병법(the Act of Union)을 통과시킴으로써 아일랜드 의회가 해산되고 런던에 있는 영국의회에 합병되어 공식적인 영국의 식민지가 되었다. 1824년에는 아일랜드의 토지측량이 실시되는데 실질적인 목적은 아일랜드의 지명을 영국지명으로 바꾸고 토지에 대한 아일랜드 재산권을 박탈하여 영국인 지주에게 재분배함으로써 토착민의 경제권을 몰수하는데 있었다. 19세기에 들어서 제국주의의 식민통치가 강화되어가면서 자국에 대한 정치.경제적 권리의 박탈에 대한 아일랜드인들의 저항도 고조되어 갔는데 무엇보다도 빼앗긴 토지에 대한 반환요구, 지리적 명칭개선, 거주권 회복을 위하여 투쟁을 벌였다. 헨리 8세부터 감행된 식민통치는 아일랜드가 1937년 정식으로 독립될 때까지 약 400년 동안 지속되었다.

아일랜드 역사에서 가장 처참한 사건은 1800년대 중반(1845~1852)의 감자흉년으로 인한 대기근이다. 이때 백만명이 죽고 백만명이 해외로 이주했는데 당시 850여만 명이었던 아일랜드의 인구는 660만 명으로 줄어들었고, 굶주림을 면하고자 많은 아일랜드인들이 미국, 캐나다, 호주 등 해외로 이주했다. 그나마도 항해하는 중에 배 안의 열악함으로 인하여 60%는 도착하기도 전에 배 안에서 죽었다. 하지만 "감자흉년"이라는 주장은 영국인들의 해명이었고 사실 아일랜드 기근의 주원인은 영국의 아일랜드 토지 몰수와 곡식의 탈취에 있었다.[1] 아일랜드는 1949년에 영국연방으로부터도 탈퇴하였지만 아일랜드의 32개주중 남부 26개주만 독립했고 북아일랜드의 6개 주는 현재에도 영국에 속하는 주로 남아있다.[2]

현대문학에서는 작품의 배경이 전원에서 도시로 바뀌게 된다. 20세기 전반 서구 모더니스트 작가들은 대부분 "도시의 미학"을 탐구하였는데, 예로 프루스트(Proust)는 파리를, 엘리어트(Eliot)는 런던, 그리고 카프

카(Kafka)는 프라하를, 드라이저(Dreiser)는 뉴욕을 배경으로 하여 작품을 썼다. 모더니즘 문학의 선구자격인 제임스 조이스(James Joyce) 역시 더블린을 작품의 배경으로 삼았던 도시작가이다. 조이스는 전원을 이상화하지 않았고 오히려 농촌에서 문화의 부재와 편협성을 보았다. 조이스에게 현대성(modernity)은 곧 도시성(urbanity)을 의미하였고 도시야말로 문학적 영감을 일깨우는 장소가 되었다. 무엇보다도 그에게 도시는 그곳에 거주하는 사람들의 삶에 대한 커다란 저장소로서 집단적인 인성을 지녔으며 그 나라의 역사가 축적된 공간으로 여겨졌다.

조이스의 『더블린 사람들』(*Dubliners*)은 20세기 들어서 최초로 전원대신 도시가 배경으로 되어있는 단편소설집이다. 조이스는 대학을 졸업하고 1904년 유럽으로 자진하여 망명했고 트리에스테, 로마, 취리히, 파리 등 유럽의 도시들을 전전하며 작가생활을 했지만 그의 작품의 배경은 모두 아일랜드의 수도 더블린이다. 더블린이라는 도시 자체는 조이스가 평생 집착했던 주제로 그는 "나는 항상 더블린에 대하여 글을 썼는데 그것은 더블린의 핵심에 도달하면 세계 모든 도시의 핵심에 도달할 수 있었기 때문"이라고 말했듯이 그는 더블린에서 도시의 본질적인 특성을 보았다. 하지만 20세기 초의 더블린은 유럽에서 가장 궁핍한 도시로 1840년대 비극적인 감자흉년이 발생된 후 굶주린 농촌 사람들은 더블린으로 몰려들었고 도시 곳곳에 슬럼이 형성되었다.

조이스가 태어난 시기 역시 영국의 식민지체제하에 경제적으로 가난했고 정치적으로 매우 혼란스러운 시대였는데 『더블린 사람들』은 이와 같은 아일랜드의 식민주의 역사를 배경으로 하고 있다. 조이스는 아일랜드가 발전을 저해하는 세 가지 속박에 묶여있다고 보았는데, 그것은 영국,

로마 가톨릭 종교, 그리고 국내정치의 내부 분열이었다. 그는 아일랜드의 국교인 로마 가톨릭교는 인간 영혼의 독자적인 힘을 말살한다고 보았고, 국내에서 일고 있었던 편협한 민족주의와 애국주의에 대해서도 불신하였다. 그런가하면 문화에 있어서는 아일랜드 문예부흥을 주도했던 앵글로-아일랜드 작가들의 역사에 대한 감상적, 낭만주의적 접근방식을 경계하며 그는 국제적 관점을 유지하려 했다. 조이스에게 20세기 초의 아일랜드는 정치적으로 좌절되고 극단적인 폭력과 감상으로 인해서 무력하게 되고 내분과 배신이 난무하는 식민지국가로 생각되었다. 조이스가 이탈리아의 트리에스테에 있는 Polulare 대학(the Universita Populare)에서 "아일랜드: 성인과 현자의 섬"(Ireland: Island of Saints and Sages)라는 제목으로 강연을 한 적이 있는데 모국에 대한 심정을 이렇게 토로했다.

> 이 나라의 영혼은 수세기에 걸쳐 초래된 불필요한 반목과 망가진 협정들에 의해서 약화 되었고, 개인적인 결단성은 교회의 영향과 질책에 의하여 마비되었으며, 이 나라의 중심부는 경찰과 세무서, 주둔군에 의하여 족쇄가 채워져 있다. 그 어느 누구도 아일랜드에 대하여 자긍심을 유지할 수 없고 재앙이 휩쓸고 간 이 나라로부터 멀리 달아나려 한다.[3]

조이스는 『더블린 사람들』에서 아일랜드 사람들을 마비에 걸린 사람들로 비유했는데, 이는 식민지 국가에서 착취와 억압을 당하며 살아가야 했던 아일랜드 인들에게 오랜 식민주의 역사가 빚어낸 노예근성이 몸에 배었고 제국주의의 힘에 의하여 사람들이 무력화되었음을 뜻한다. 조이스는 『더블린 사람들』을 가리켜 "모국의 도덕적 역사의 한 장"을 쓴 것이라고 말했듯이 이 작품은 당시의 아일랜드인들에게 만연되었던 병에 대한 진단서와 같다. 그는『더블린 사람들』을 출판한 리처드라는 사람에게 보낸 편지에서 "석탄 잿구멍과 시든 잡초 그리고 고기 찌꺼기들의 냄새가 제 이야기 주변에 맴도는 것은 제 잘못이 아닙니다. 말끔히 닦아놓은 저의 거울에서 아일랜드 민족이 자신의 모습을 제대로 바라보지 못하도록 막는다면 아일랜드 문명의 흐름이 지연될 것이라고 저는 진지하게 믿습니다"[4]라고 말한 바 있다.

『더블린 사람들』은 얼핏 단순한 단편소설집으로 보이지만 아일랜드의 역사와 정치적 문제가 촘촘하게 들어있다. 작품에서 더블린이라는 도시는 최대한 정확하게 사실적으로 재현되어서 그의 작품을 읽으면 더블린 시가지를 관람하는 것 같다.『더블린 사람들』과『율리시스』(Ulysses)에 대하여 조이스는 "어느 날 더블린이 지구상에서 갑자기 사라진다면, 내 작품을 통해서 더블린을 다시 재건"할 수 있을 것이라고 큰소리 칠 정도로 그는 허구가 아닌 '실재'의 더블린을 자신의 작품에 재현하였다.『더블린 사람들』에서 내용과 주제 외에 주목해야 할 점은 조이스의 예술성이다. 조이스는 이 작품을 "꼼꼼하고 고약한" ("scrupulous meanness") 문체로 썼다고 말한바 있는데 모국이 앓고 있는 병을 치유하기 위해서는 현실을 낭만적으로 보기보다는 냉철하게 직시해야 한다고 생각했기 때문이다. 무엇보다도 감상주의(sentimentality)를 경계했던 조이스는 작품에서 최대한 감정을 배제하고 언어도 절제하여 사용하였다. 조이스의 문학적 상상력 속에서 더블린은 어떠한 "집단적 인성과 역사"를 지닌 도시로 그려져 있는지, 아일랜드가 체험한 역사가 어떻게 문학적으로 정제되었는지『더블린 사람들』에 수록된 15개의 단편소설 중에서「자매들」,「애러비」,「두 건달」,「죽은 사람들」의 네 스토리를 중심으로 대하여 살펴보고자 한다.

## 2. 그레이트 브리튼 가(Great Britain Street)– 「자매들」("The Sisters")

『더블린 사람들』의 첫 스토리 「자매들」은 가톨릭 신부의 죽음에 대한 이야기이다. 주인공인 소년은 평소 가까이 지내며 가톨릭에 관해서 여러 지식을 가르쳐 주던 신부가 세상을 떠났다는 것을 듣고 그 신부에 대하여 회상을 한다. 스토리는 다음과 같이 시작한다.

> 이번에는 그에게 희망이 없었다. 세 번째 발병이었기 때문이다. 매일 저녁 그 집 앞을 지나면서 (그 때는 방학이었다) 나는 불이 켜진 네모난 창문을 자세히 살펴보았다. 매일 저녁 불은 언제나 같은 방식으로 희미하고 고르게 켜있는 것을 볼 수 있었다. 만일 그가 죽었다면 나는 어두운 블라인드에 촛불이 반사되어 있는 것을 보게 될 것이라고 생각했다. 왜냐하면 시체 머리맡에는 촛불 두 개가 켜있어야 된다는 것을 알고 있었으니까. 그는 자주 내게 "난 오래 살지 못 할거야"라고 말했는데 그가 한 이 말은 내게 부질없는 소리로 들렸다. 이제 그 말이 사실이라는 것을 알았다. 매일 밤 그 집 창문을 올려다보며 나는 나직하게 "마비"(paralysis)라고 혼잣말을 했다.

『더블린 사람들』의 첫 문단에서 이 작품의 전체적인 주제인 "마비"라는 단어가 나온다. "마비"의 주제에 걸맞게 서술의 어조는 조용하게 가라앉아 있어 쇠잔한 분위기를 자아낸다. 촛불도 "희미하고 고르게"("faintly and evenly")게 타고 있어 불의 원래의 속성이 아닌 퇴색한 듯한 불빛이다. 가톨릭이 국교인 아일랜드에서 사제의 죽음은 정신적 지주의 부재라는 상징적 의미를 나타낸다.

죽은 신부는 은퇴 후 두 여동생 집에서 기거하였는데 소년은 그의 집이 있는 그레이트 브리튼 가(Great Britain Street)로 간다. 그 집은 “포목점”(Drapery)이라고 희미한 글씨로 간판을 달은 수수한 가게였고 평소에는 “우산 수리”(Umbrellas Re-covered)라는 쪽지가 창문에 붙어 있었다. 소년이 그 곳에 갔을 때 집 현관문 노커에는 검정 조화가 리본과 함께 달려 있었고 신부의 죽음을 알리는 카드가 조화에 꽂혀 있었는데 가난해 보이는 두 여인과 전보배달 소년이 이것을 읽고 있었다. 이 거리와 신부가 살던 집, 그리고 카드를 읽고 있는 더블린 사람들에 대한 묘사는 이 도시의 꾀죄죄하고 초라한 분위기를 자아낸다. 신부를 돌보았던 두 자매가 생계를 위하여 운영하는 가게도 변변치 않아 보인다. 두 자매는 독신인데 아마 가난해서 결혼을 하지 못했을 것이다. 조이스는 더블린에 대한 설명 대신 눈에 보이는 것처럼 꼼꼼하게 이 도시에 대하여 적고 있는데 이러한 방식의 묘사 자체로 당시 더블린이라는 도시에 대한 전체적 이미지를 창출해냈다.

소년이 신부 집에 가기 위하여 걸어가는 거리는 그레이트 브리튼 가(Great Britain Street)인데 이 거리 이름은 20세기 초 아일랜드가 영국의 식민지였음을 말해준다. 하지만 아일랜드가 독립한 후에는 파넬 가(Parnell Street)로 명칭이 바뀌었다. 파넬은 애국적 정치가로 1877년 아일랜드 의회당(Irish Parliamentary Party)의 지도자로 추대되었고 영국과 맞서서 아일랜드 독립운동의 중심에 섰던 정치적 거물이었다. 불행히도 그는 캐써린 오쉐이(Katharine O'Shea)라는 여성과의 스캔들로 아일랜드 의회당이 그를 불신하였고 사회적으로 큰 영향력을 지녔던 가톨릭교회가 그를 공공연하게 비난함으로써 정치무대에서 사라지게 된다. 이 사건의 배후에는 영국과 아일랜드 가톨릭교회간의 공모가 있었으며 그는 가톨릭교회와 지지자들에게 배신당하고 파리로 건너갔으나 이듬해에 죽음을 맞는다.[5] 아일랜드의 독립을 위하여 정점을 달리던 파넬의 몰락은 조이스에게 당시 아일랜드 정치판에 대한 원형으로 생각되었다. 『더블린 사람들』의 첫 스토리에서 아일랜드의 정신적 지도자라고 할 수 있는 사제의 죽음을 다룸으로써 조이스는 아일랜드의 가톨릭교회의 무력함과 불신, 그리고 거리이름을 통해서 당시의 아일랜드가 식민지상태였음을 보여준다.

## 3. 더블린의 장터 – 「애러비」("Araby")

앞서 조이스는 감상주의(sentimentality)를 경계했다는 지적을 하였는데 감정에 도취되어 현실을 낭만적으로 채색하거나 왜곡하는 태도에 대한 비판을 다룬 작품은 세 번째 단편소설인 「애러비」("Araby")이다. 이 단편의 제목, "애러비"는 아라비아를 뜻하며 1894년 5월 14일 더블린에서 열렸던 동양의 이국적인 물품을 팔았던 자선바자회(Grand Oriental Fete)를 가리킨다. 친구의 누이를 짝사랑하는 주인공 소년은 그녀에게 자기가 이 바자회에 간다면 무엇이든 하나 사다 주겠노라고 무심결에 말을 해버린다. 이후 소년은 소녀에 대한 흠모의 정에 빠져서 바자회에 갈 날만 손꼽아 기다린다. 그러나 그가 우여곡절 끝에 바자회에 도착했을 때 막상 그의 눈앞에 펼쳐진 현실은 자신이 꿈꾸어온 세계와는 전혀 무관한 물질적인 세계였다. 작품의 끝에서 소년은 자신이 상상했던 세계는 한낱 허상에 지나지 않았음을 자각하며 스스로 만들어낸 헛된 "허영심"("vanity")에 자신이 속았음을 깨닫고 분노의 눈물을 흘린다.

이 단편은 소년이 살고 있는 노스 리치먼드(North Rich Street)가에 대한 묘사로 시작하는데 이곳은 조이스 가족이 한때 살았던 더블린에 실재하는 거리이다.

> 노스 리치몬드 가는 막다른(being blind) 골목으로 크리스천 브라더스 학교에서 학생들이 파하는 시간을 제외하고는 조용한 거리이다. 사람이 살지 않은 이층집 한 채가 막다른 골목 끝에 서 있었는데 이 집은 이웃에게서 떨어져 네모난 공터에 있었다. 이 골목에 있는 다른 집들은 집안에 사는 점잖은 사람들을 의식해서인지 갈색의 움찍도 하지 않는 얼굴로 서로를 바라보고 있었다.

위 인용에서 거리와 집은 의인화되어있는데 "blind"라는 단어는 막다른 골목을 뜻하지만, 또 한편 눈이 멀었다는 의미도 있어 주인공 소년이 앞으로 자신의 감정에 몰입되어 "눈이 멀게 될" 것임을 예고한다. 집들을 "갈색"이라고 했는데 이 또한 음울한 색깔이고 이 집들이 "꼼짝하지 않고"(imperturbable) 서있는 것 역시 활력을 잃은 분위기를 자아낸다. 가라앉은 우울한 분위기의 골목길과 더불어 집안의 케케묵은 곰팡이 냄새가 풍겨오는 방들은 전체적으로 더블린의 퇴락한 상황을 전한다. 이 음울하고 척박한 현실 속에서 소년은 환상적인 상상의 세계를 펼치지만 그의 낭만적인 꿈은 냉혹한 현실 앞에서 무너지고 만다.

「애러비」의 주인공 소년은[6] 아주머니가 장을 보러 갈 때면 짐 꾸러미를 들어주기 위하여 같이 시장에 가곤 한다. 시장에서는 여러 종류의 목소리들이 아수라장을 이루고 있는데 여기서 들려오는 다양한 소리들은 당시 아일랜드가 안고 있었던 사회문제들을 표출한다. 이 소란스러움 속에서 소년은 연정의 대상이 되는 소녀의 모습을 마음속에서 잃지 않기 위하여 안간힘을 쓰는데 소녀의 모습을 간직하며 시장의 군상들을 헤치고 나가는 그의 모습은 중세의 기사가 성배를 안고 적진을 뚫고 나가는 것으로 비유되었다.

> 그녀의 모습은 로맨스와는 전혀 관계가 없는 곳까지 나를 따라 다녔다. 토요일 저녁 아주머니가 장을 보러 갈 때 나도 따라가서 짐 꾸러미를 들어주어야 했다. 우리는 술에 취한 사내들과 가격을 흥정하는 아낙네들과 부딪히며 불빛이 번쩍이는 거리를 헤치고 나갔다. 노동자들의 욕지거리, 돼지 볼살 절임통을 지키고 서있는 점원이 계속해서 날카롭게 외쳐대는 연도[7] 소리, 오도너번 로사에 관한 노래, "모두 모여라"나 아니면 우리 조국의 수난에 관한 민요를 부르는 길거리 가수들의 콧노래 소리들 사이로 걸었다. 이러한 소음들은 삶에 대한 하나의 감각이 되어 나에게로 다가왔다. 나는 원수의 무리 사이로 나의 성배를 안전하게 안고 가고 있다는 느낌이 들었다.

「애러비」에서 소년의 순수한 사랑을 조이스는 귀부인을 흠모하는 기사의 사랑을 다룬 중세문학의 로망스 스타일로 썼다. 흠모의 대상인 소녀는 그의 짝사랑의 대상이기도 하지만 또한 무질서하고 거친 현실을 초월한 이상적 세계에 대한 상징이기도 하다. 조이스가 아일랜드가 앓는 병의 발원으로 간주하는 로마 가톨릭 종교와 영국의 정치적 지배도 이 장터의 소리에서 찾아볼 수 있다. 위 인용에서 언급된 오도너번 로사(Jeremiah O'Donovan Rosa 1831–1915)는 아일랜드 독립 운동가로 영국에 대항하는 단체인 "피닉스 회"(Phoenix Society)를 이끌었는데 그는 "다이너마이트 로사"(Dynamite Rossa)로 불리었다.

"모두 모여라"(come-all-you)라는 노래는 시사적 내용의 민요로 거리와 술집에서 불리어졌는데 당시 아일랜드의 정치적 상황을 전한다. 그런가 하면 가게 앞에서 호객을 하는 점원은 가톨릭 연도를 큰 소리로 외쳐댄다. 시장이라는 장소에 기도문은 전혀 어울리지 않지만 가톨릭이 국교인 아일랜드에서는 기도문이 사람들 뇌리에 박혀 있기 때문에 별 생각이 없이 입 밖으로 튀어나온다. 가톨릭 종교가 아일랜드 사람들의 정신을 사로잡고 있음을 알 수 있다.

▲ 영국총독부건물로 사용되었던 더블린 성(Dublin Castle)

서로 이질적인 소리들이 뒤엉켜 아수라장을 이루고 있는 더블린의 장터는 당시 혼란스러웠던 아일랜드 사회의 모습 그 자체이다. 이처럼 소란스러운 현실은 소년으로 하여금 사랑의 감정이라는 로맨틱한 세계에 더욱 몰입하게 하여 자기도취에 빠져 들게 한다. 작가는 소년의 순수한 풋사랑을 술꾼들이 득실대고 물건 흥정을 하는 시장을 배경으로 하여 정신세계와 거친 물질세계가 대비되도록 하였다.

소년이 우여곡절 끝에 바자회에 도착했을 때는 이미 밤 10시 10분전이었고 상점들은 거의 다 문을 닫아서 바자회 홀은 어두웠다. 그 때 한 카페 앞에서 두 남자가 둥근 쟁반에 담긴 돈을 세고 있었는데 그의 귀에 동전 떨어지는 소리가 들려왔다. 이 동전 소리는 애러비 바자회가 소년이 상상했던 로맨틱한 세계가 아니라 물질이 지배하는 세계라는 것을 암시한다. 또 다른 상점 앞에서는 영국식 영어를 쓰는 한 젊은 여점원과 두 남자가 새롱대는 말이 들려왔다. 아무 내용도 들어있지 않은 농담조의 이들 대화는 짧고 간단하게 제시되었지만 남녀관계의 가벼움을 암시한다. 맹건의 누이를 향한 종교적 일 정도로 숭고하고 진지한 사랑의 감정에 쫓겨 이곳에 오게 되었지만 소년의 기대와는 무관한 현실 앞에서 소년은 자신이 만들어낸 환상에 스스로 속았음을 깨닫게 되고 그의 눈은 분노로 불타오른다. 이 스토리에서 조이스는 현실을 로맨틱하게 왜곡하거나 착각함으로써 현실 인식에 대한 결여를 정신적 마비로 보았다.

## 4. 원점으로 회귀하는 더블린 거리 배회 - 「두 한량」("Two Gallants")

조이스는 동생에게 보내는 편지에서 「두 한량」을 가리켜 "일요일 거리 군중과 킬데어 거리의 하프, 그리고 레너헌이 등장하는 「두 한량」은 아일랜드 풍경"이라고 지적한 바 있다. 「두 한량」에서는 더블린이라는 도시공간에서의 보행을 통해서 아일랜드인들의 정신적 마비를 드러내고 있는 서술적 착안이 매우 독특하다. 작품제목에서 명시된 「두 한량」은 콜리(Corley)와 레너헌(Lenehan)인데 이 두 사람에 대하여 붙인 "Gallant"라는 단어의 원래 뜻은 "여성에게 친절한 멋쟁이 남자"이지만 이들이 보이는 행태는 정반대여서 아이러니컬하다. 일요일 저녁 시민들이 북적대는 더블린 시내의 중심가를 이 둘이 걷고 있다. 콜리는 데이트를 약속한 한 여자를 만나러 가는 중인데 그 옆에 레너헌이 바짝 붙어 따라가고 있다. 콜리는 자신이 과거에 여자들을 어떻게 낚았으며 사귀었던 여자들이 지금은 어떻게 지내는지 자랑스럽게 이야기를 늘고 놓고 있다. 그리고 지금 만나러 가는 여자는 어느 집 하녀인데 만나는 동안 그녀는 담배와 고급시

▲ 영국과 합병이전 아일랜드 국회건물. 합병 이후에 아일랜드 은행(Bank of Ireland)으로 바뀜

가를 가져다 주었고 교외에 데이트를 나갈 때면 차비도 그녀가 지불한다고 자랑한다. 하지만 자기는 이 여성과 결혼할 생각이 없기 때문에 책임을 지지 않으려고 자신의 이름과 신분을 숨기고 있다고 말한다. 그는 여자를 데리고 교외에 나가 데이트를 즐긴 후 오늘 저녁 그녀에게서 돈을 뜯어낼 궁리를 하고 있다.

레너헌은 일정한 직업이 없고 술집에서 남들로부터 공짜 술을 얻어먹는 것이 그가 살아가는 방식이라서 사람들은 그를 "거머리"라고 부른다. 모욕도 당하지만 그는 개의치 않고 상대의 비위를 맞추기에 급급하다. 콜리가 여자와 떠나고 레너헌은 홀로 남게 되자 조금 전의 쾌활했던 모습이 사라지고 초라한 모습이 된다. 그는 31살이 되어 가는데 일정한 직업도 없이 남에게 붙어서 사는 자신의 생활을 청산하고 싶다. 재산을 지닌 괜찮은 여자를 만난다면 행복한 가정을 꾸릴 수 있을 것이라는 상상을 해보는데 여전히 그는 여자에게 의존해서 살아갈 생각을 하고 있다.

콜리와 다시 만나기로 한 약속시간까지 시간이 많이 남자 레너헌은 콜리와 함께 걸어왔던 길을 천천히 다시 거슬러 가기 시작한다. 그는 밤 10시 30분까지 할 일 없이 더블린 시내를 배회하는데 그가 걷는 더블린 시내의 거리 이름을 추적해 보면 다음과 같다.

Merrion Square → Merrion Street → Stephen's Green → Grafton Street (Trinity College) → Westmoreland Street → O'Connell Bridge → O'Connell Street → Rutland Square → Great Britain Street (현재는 Parnell Street로 명칭이 바뀜) → Refreshment Bar → St. Britain Street → Capel Street → City Hall → Dame Street → George's Street → Exchequer Street → Grafton Street → St. Stephen's Green → Marirrion Street

위의 거리 이름들은 영국식민주의 지배(Ascendancy)를 나타내는 지표와도 같다. Rutland Square는 영국의 정치가의 이름에서 따왔고, Great Britain Street, St. Britain Street에서 브리튼(Britain)이라는 거리이름은 영국국가명칭이며 Trinity College가 있는 Grafton Street, City Hall 등도 모두 영국에 속한 이름들이다. 영국의 지배력을 암시하는 더블린 거리들을 빙빙 맴돌다가 출발 지점으로 회귀하는 레네헌의 동선은 영국이 쳐놓은 출구가 없는 울타리 안에서 맴도는 것 같다. 미래에 대한 희망적인 비전이나 목적이 없는 삶을 그는 자신의 행보처럼 그저 반복적으로 살아가고 있는 것이다. 「두 한량」에서는 "마비"라는 주제를 인물의 동선을 통해서 구현한 서술적 착안이 매우 독창적이다.

## 길거리 악사와 하프

외국에서 길거리를 걷다 보면 흔히 거리의 악사를 보게 된다. 콜리와 레너헌이 킬데어(Kildare)가로 접어들었을 때 한 남자가 하프 연주를 하고 있었다. 하프는 전통적으로 아일랜드를 상징하는 악기로서 아일랜드 정부에서 주관하는 문화행사의 초청장이나 프로그램에는 하프가 새겨져 있는 것을 보게 된다. 아일랜드가 현재 유로화를 사용하기 이전 동전에도 하프가 새겨져 있었다. 거리의 악사는 다음과 같이 묘사되었다.

> 그들은 낫소 가를 따라 걸어가다 킬데어 가로 접어들었다. 술집 현관에서 멀지 않은 곳에 한 하프 악사가 노상에 서서 연주를 하고 있었고 그 둘레에는 사람들이 둥그렇게 모여 있었다. 하프 연주자는 주변에 주의를 기울이지 않고 줄을 튕기며, 사람이 올 때마다 재빨리 흘깃 바라보거나 또는 지친 듯 이따금씩 하늘을 올려다보았다. 그의 하프도 덮개가 무릎 근처까지 흘러내린 것을 의식하지 못한 채 낯선 사람들의 시선이나 주인의 손에서 지친 듯이 보였다. 악사의 한 손은 저음부로 '오, 모일리여, 고요히' 가락을 연주했고, 다른 손은 곡조를 따라 고음부로 연주했다. 곡의 선율은 깊고 풍부하게 울렸다.

위 인용에서 악사는 활기 없는 무관심한 표정을 짓고 있다. 악기 연주는 연주자가 자신의 감정을 실어 열정적으로 연주할 때 청중들이 감동하게 되는데 이 연주자는 생기가 없이 지친 듯 악기에 신경을 쓰지 않는다. 아일랜드를 상징하는 하프 역시 연주자만큼이나 지친 모습을 하고 있다. 거리의 악사가 연주하는 장소인 킬데어 가는 당시 영국계 아일랜드 인들이 주로 드나드는 고급 술집이 모여 있는 거리이다. 지나가는 사람들에게 연주를 해주고 돈을 구걸하는 거리의 악사는 초라한 모습으로 아일랜드 민요를 연주하고 있다. 그가 연주하는 곡, '오, 모일리여, 고요히' (*Silent, O Moyle*)는 아일랜드 민족시인 토머스 무어(Thomas Moore, 1779-1852)의 시집 『아일랜드 민요집』(*Irish Melodies*)에 나오는 시로서 슬픈 옛 전설을 노래하고 있다[8]. 하프와 민요 똑같이 아일랜드의 전통문화에 속하며 술집에 드나드는 영국계 사람들에게 돈을 구걸하는 거리악사의 모습은 처량하게 보인다. 지배자들에게 자신들의 재산과 사회적 권리를 빼앗기고 구걸해야 하는 피지배자의 처지는 아이러니컬하기만 하다.

하프 또한 상징적 의미가 깊다. 위 인용에서 하프는 여성으로 의인화되었는데 낯선 타인들의 시선 앞에서 지쳐 보이는 모양은 착취당하는 속수무책의 여인의 모습을 연상시킨다. 더 나아가 하프에게서 풍겨 나오는 초라하고 지친 이미지는 정치적인 맥락에서 상징적인 의미를 추론해 볼 수 있도록 한다. 당시 영국은 자신들의 식민지 건설을 합리화하는 주장들을 폈는데 대영제국은 아일랜드에 대하여 군사력이나 경제력에서 약소국을 보호한다는 명분을 내세웠다. 따라서 당시 영국 신문이나 잡지에 실린 삽화들에는 아일랜드를 연약한 여성으로 나타내는 반면 영국은 연약한 여성을 보호하는 건장한 남성으로 그렸다. 문명이 뒤쳐졌다 하여 아일랜드인을 옷을 걸친 원숭이로 그리기도 했다. 「두 한량」의 스토리는 남성 건달에 의해 착취당하는 여성의 비참한 처지를 이야기하고 있지만 정치적으로는 제국과 식민지 관계를 암시하기도 한다. 이러한 맥락에서 볼 때 이 단편소설에서는 여성/남성, 피식민지국가/식민지국가간에 관계, 곧 젠더와 인종이라는 두 가지 이슈에 대하여 문제 제기를 하고 있다.

## 5. 더블린의 동상들 –「죽은 사람들」("The Dead")

「죽은 사람들」은『더블린 사람들』을 종결하는 스토리로서 죽음과 삶과 같은 범우주적인 주제를 다루고 있다.「죽은 사람들」에서 "죽음"은 두 유형으로 생각해 볼 수 있는데 하나는 집단적인 것으로 한 국가, 또는 한 도시가 체험한 과거 역사가 지닌 힘이고, 다른 하나는 개인적인 것으로 주인공 게이브리엘 콘로이(Gabriel Conroy)가 감지하는 죽은 자가 지닌 힘이다. 비평가들은「죽은 사람들」의 시간적 배경을 1월 6일, 곧 에피퍼니 축일(The Feast of Epiphany)로 보고 있는데 그것은 아일랜드에서는 이 날 밤 귀신들 혹은 망령들에 대한 이야기를 나누는 날이기 때문이다. 이 스토리에서 죽은 여러 사람들에 대한 회상이 나오는데 살아있는 사람들 이라고 해서 과연 얼마나 살아 있다고 볼 수 있는가에 대하여도 의문하게 한다.

제목과는 달리 스토리는 활기 넘치는 파티의 분위기로 시작한다. 노처녀인 두 자매 케이트와 줄리아가 자신의 집에서 크리스마스 시즌에 신년 무도회를 열었는데 초대를 받은 손님들은 춤을 추고 음식을 나누며 즐겁게 대화한다. 주인공 게이브리엘 부부가 다소 늦게 도착하는데 게이브리엘 부부는 오늘 저녁 집으로 돌아가지 않고 시내에 있는 호텔에서 투숙할 것이라고 한다.

작품의 시작에서 참석자들은 즐겁고 화기애애한 분위기에서 대화를 나누지만 이들은 이미 세상을 뜬 게이브리엘의 어머니와 외할아버지인 패트릭 모칸과 같은 고인에 대하여 회상하며 점차 죽음에 대한 생각에 빠져든다. 대화중에 트라피스트회 수사들(Trappist monks)에 대한 이야기가 나오자 이내 섬뜩하고 숙연한 분위기로 바뀐다. 참석자들이 이곳 수도원의 수사들은 죽음에 대하여 잊지 않기 위하여 관 속에서 잠을 잔다고 말하는데 이러한 수도 방식은 가톨릭 종교가 삶보다는 죽음에 대하여 더 의식하고 있음을 암시한다. 또한 작품의 마지막에 나오는 게이브리엘의 부인 그레타의 의식 속에 죽은 자이지만 생생하게 살아있는 마이클 퓨리에 대한 기억은 죽음이 곧 사멸을 의미하는 것은 아니라는 것을 상기시킨다.

죽은 자가 살아있는 자에게 여전히 영향력을 행사하는 것은 아일랜드 역사에 점철되어있는 영국의 식민주의 정책에서도 볼 수 있다. 현대에도 여전히 더블린도시 곳곳에 서있는 영국장군들의 동상들처럼 제국의 힘은 한 때 식민지국가였던 아일랜드에 잔존하고 있기 때문이다. 「죽은 사람들」에서는 일련의 기념탑과 동상, 역사적 건물들이 눈에 뜨인다. 역사의 징표와도 같은 이 기념상들은 아일랜드가 겪어온 역사에 대하여 말해준다. 작가는 기념상들에게 특별히 주목을 하지는 않고 주인공 게이브리엘의 시야에 스치듯이 가볍게 제시하지만 이러한 제시방식은 사실 많은 의미를 압축하여 절제적으로 제시하는 조이스의 서술방식일 것이다. 「죽은 사람들」에 제시된 역사유물의 상징적 의미에 대하여 살펴보기로 한다.

### 5.1. 웰링턴(Arthur Wellesley Wellington) 장군 기념탑

작품에서 파티가 끝나갈 무렵 게이브리엘은 눈이 내리는 창밖을 보며 문득 피닉스 공원(Phoenix Park)에 서있는 웰링턴 기념탑 위에도 눈이 덮여 있겠지 라고 생각한다. 웰링턴 공작(1769-1852)의 위대한 업적을 기리는 이 웅장한 기념탑은 더블린 시내 외곽에 위치해있는 세계에서 제일 크다고 알려진 피닉스공원에 있다. 그는 더블린에서 출생하였지만 워털루 전쟁

(1815년)에서 나폴레옹을 격파한 장군이었고 영국수상(1828-30)직을 수행했던 대영제국의 건립에 있어 영웅적인 업적을 이룬 인물이다. 하지만 이처럼 화려한 군사적 정치적 경력에도 불구하고 그는 영국의 군국주의를 상징하는 인물이었고 뿐만 아니라 자신이 아일랜드 출신이라는 사실을 수치스럽게 여겼는데 그는 자신을 아일랜드 사람이라고 부르는 것은 마구간에서 태어났다 하여 말이라고 부르는 것이나 마찬가지라고 공언한 바 있다. 군국주의적인 웰링턴 장군은 아일랜드에서는 인기가 없었으며 조이스는 자신의 마지막 작품인 『피네건의 경야』(Finnegans Wake)에서 웰링턴 장군에 대하여 "(의지를 관철시키는) 웰링턴, 마구간에서 태어난 신사"("Willingdone, bornstable ghentleman")(FW 10.17)이라고 코믹하게 풍자하였다.

사실 웰링턴 장군의 동상에 대한 언급은 당시 아일랜드 사회에서 식자층에 속하는 게이브리엘과 같은 인물의 정체성과도 관련이 있다. 파티에서 같은 학교에서 교편을 잡고 있는 아이버스 양은 게이브리엘을 가리켜 "친영파"("West Briton")라고 놀리듯 부르는데 그가 아일랜드의 토속문화 보다는 유럽의 국제적 문화를 지향하며 보수적 신문에 서평을 쓰고 있는 점을 못마땅해 하는 것이다. 그녀는 게이브리엘에게 여름휴가를 아일랜드 서부에 위치한 애란 섬으로 가기를 권하지만 그는 외국어 공부도 할 겸 유럽으로 갈 계획이라고 말한다. 그리고 프랑스어 대신 아일랜드 토착어인 게일어를 공부해야 하지 않겠느냐는 아이버스양의 말에 게이브리엘은 게일어는 우리나라 말이 아니라고 응수한다. 수 세기에 걸친 영국의 식민지체제에서 정복자의 언어인 영어가 식민지국가의 자국어를 말살한 역사적 현실이 드러나는 대목이다. 게일어는 아일랜드에서 조차도 더 이상 통용되는 언어가 아니었다. 언어가 생명이라 할 수 있는 조이스와 같은 문학가에게는 자국에 대한 지배자의 언어로 글을 써야 하는 비애를 느끼지 않을 수 없었을 것이다.

### 5.2. 윌리엄 3세(King William III of England) 동상

게이브리엘은 고인이 된 외할아버지 패트릭 모칸의 말 조니에 대한 일화를 파티 참석자들에게 재미있게 이야기한다. 외할아버지가 어느 날 군인들의 열병식을 구경하려고 말을 타고 외출했는데 이 말이 빌리 왕의 동상 앞에 이르자 앞으로 나아가지 않고 그 주위만 빙빙 맴돌았다는 것이다. 아마도 평소 정미소에서 방아를 돌리느라 둥글게 돌던 습관 때문이었을 것이다. 하지만 이 일화에서 나오는 "빌리 왕"은 아일랜드 식민지 역사의 맥락에서 보면 가볍게 이야기할 인물은 아니다. 그는 아일랜드 서부 지방인 아그림(Aughrim), 보인(the Boyne), 리메릭(Limerick) 전투에서 아일랜드 독립군을 격파 시킴으로써 겔릭문화를 초토화 시켰는데 특히 1690년 7월 1일에 일어났던 보인 전쟁(the Battle of the Boyne)은 신교도(Anglican Church)인 영국왕 윌리엄 3세("빌리 왕")가 가톨릭국가인 아일랜드를 붕괴시키는데 결정적 계기가 되었다. 이후 1922년 영국의회가 아일랜드의 독립을 허락할 때까지 아일랜드는 영국의 식민지였다. 그의 동상은 200년이 흐른 후에도 더블린의 가장 중심적인 거리에 세워져 있어 패전국의 국민의 기억에 여전히 남아있었다[9]. 호텔로 마차를 타고 돌아가는 길에 아일랜드의 패배와 좌절의 상징과도 같은 이 동상이 게이브리엘의 시야에 들어오지만 그는 이미 기념동상들에게 익숙해져 있는 듯 무심코 지나친다.

## 5.3. 트리니티 대학

▲ 트리니티 대학

"빌리 왕"의 동상이 서있었던 곳은 트리니티 대학(Trinity College)[10]정문 앞이다. 마부에게 방향을 알려주기 위하여 트리니티 대학이 언급되었지만 이 대학 역시 아일랜드의 식민역사에서 중요한 역할을 하였다. 아일랜드에서 가장 크고 역사가 오래된 트리니티 대학은 영국의 엘리자베스 여왕 1세(Queen Elizabeth 1558-1603)가 1592년에 세운 아일랜드 최초의 개신교 대학으로 장차 아일랜드를 관리하고 이끌어갈 영국인의 후예인 영국계 아일랜드인(Anglo-Irish)들을 양성하고자 설립한 교육기관이었다.

## 5.4. 법원(The Four Courts)과 오코넬(Daniel O'Connell) 동상

게이브리엘은 부인인 그레타와 함께 하룻밤 묵을 그레샴 호텔(Gresham Hotel)[11]에 도착하기 전에 멀리 떨어진 곳에 있는 법원을 바라본다. 이어서 마차가 오코넬 가[12]에 접어들었을 때 말을 탄 오코넬 동상을 지난다. 게이브리엘은 스토리상의 가공적인 인물이지만 그의 동선은 더블린의 실제 지리와 정확하게 일치하는 것을 알 수 있다. 법원 건물과 오코넬 동상이 거리

▲ 오코넬 동상

상으로는 떨어져 있는데도 작품에서 이 둘에 대한 언급이 이어져 있는 것은 의미상이 둘이 연결이 되어 있기 때문이다. 게이브리엘은 영국법의 본거지인 법원을 바라보며 "무겁게 가라앉은 하늘을 향하여 위협적으로 서있었다"("The Four Courts, stood out menacingly against the heavy sky")라고 이 건물에 대한 자신의 느낌을 말하는데 이것은 아일랜드인들을 제압하고 탄압해온 영국법에 대한 그의 생각일 것이다. 오코넬가에 있는 오코넬 동상은 지금까지 열거한 동상들 중에서 유일한 아일랜드 애국자의 동상이다. 오코넬(1775-1847)은 18세기 "빌리 왕"의 제위 기간 동안 영국 지주에게 빼앗긴 토지에 대한 권리를 자국민인 가톨릭 교도들에게 되찾아 주기 위하여 이 법원 안팎에서 치열하게 운동을 전개했던 아일랜드 애국자이다. 그는 달변의 변호사로 연설에 뛰어났고 무력을 쓰는 대신 가톨릭 신자들로 구성된 평화적인 시위대를 결성하여 영국에 저항하였는데 영국의 정치가들은 아일랜드 군대보다 이 "평화적인 시위대"를 더 두려워했다. 오코넬의 영국과의 대치방식은 온건하였지만 군사적 대응보다 훨씬 더 효과적이어서 아일랜드인들이 자국의 토지에 대한 권리를 되찾을 수 있게 했다. 게이브리엘은 오코넬의 동상을 지나며 가볍게 "굿 나이트, 다니엘"이라고 동상에게 인사를 건넨다.

오코넬과 같은 애국적 지도자 덕분에 아일랜드에 대한 영국의 형벌법규가 그 효력을 상실했는데도 수백 년 동안 걸쳐 자행되어온 식민지국에 대한 억압의 결과와 그 기억을 되살리는

▲ 2003년 아일랜드 국민소득이 영국을 추월했을 때 세워진 첨탑(Spire of Dublin)

기념비들은 19세기 말에도 더블린에 여전히 남아 있었다. 동상의 기념비적 인물들은 이미 오래 전에 죽었지만 이들이 제정한 법이나 기관들은 그 위력을 현재에도 조용하게 행사하고 있다. 죽은 이들 가운데 아일랜드 사람들이 가장 기억하고자 하는 사람은 아마도 애국자인 오코넬일 것이다. 하지만 그에 못지않게 존재감을 떨치는 엘리자베스 여왕 1세, 윌리엄 왕(빌리 왕), 그레샴 공작, 웰링턴 공작, 그리고 넬슨 경[13]과 같은 대영제국에 충성을 바쳤던 귀족들은 진정으로 죽지 않았다.

## 5.5. 아일랜드 서부에서 온 그레타

게이브리엘의 부인인 그레타가 서부 출신이라는 점은 시사하는 바가 크다. 아일랜드의 서부는 지리적으로 영국으로부터 멀리 떨어져 있어서 아일랜드 토착 문화가 잘 보존되어 있는 지역이다. 그레타를 진실로 사랑한 마이클 퓨리는 그의 순수함과 열정에서 영국화, 문명화 되어있는 동

부 출신의 게이브리엘과 대조가 된다. 하지만 「죽은 사람들」에서 아일랜드 서부는 죽음의 이미지로 뒤덮여 있다. 파티가 끝나고 돌아갈 무렵 그레타가 층계참에서 서서 어떤 노래에 몰두되어 듣고 있는 모습이 게이브리엘의 시야에 들어왔다. 이 노래는 "아그림의 처녀"("The Lass of Aughrim")라는 노래로 가사는 다음과 같다.

> 아, 빗물이 나의 무거운 머리카락 위에 내리고
> 이슬이 나의 피부를 적시는데
> 내 아기는 차갑게 누워있네. . . .

이 노래는 한 가난한 농부의 딸이 죽어가는 자기 아기를 팔에 안고 애달파하는데 아기의 아버지인 지주(아마도 영국인)는 그녀를 집안에 들이기를 거부한다는 내용으로 아일랜드인들이 감내해야 했던 고통스러운 역사를 담고 있다. 아그림은 아일랜드 서부에 위치한 작은 마을로 이곳에서 1691년 아일랜드 역사상 가장 불행한 전투가 벌어졌고 오렌지 공(빌리 왕)이 이끌었던 군대가 무자비한 파괴와 대학살을 감행했던 곳이다.

아그림은 그레타의 고향인 골웨이 가까이에 있다. 그레타를 사랑했으나 이제 사자가 된 마이클 퓨리도 골웨이에 살았다. 그레타는 자신을 사랑했던 남자가 "아그림의 처녀"라는 노래를 부르곤 했다고 게이브리엘에게 고백한다. 게이브리엘은 처음에는 마이클 퓨리에게 질투심을 느꼈지만 그가 가스공장에서 일하던 소년으로 17세에 죽었다는 말을 듣자 이내 수치감을 느낀다. 죽은 마이클은 가스 공장의 노동자로 직업과 신분에서 게이브리엘에게 훨씬 못 미치지만 그의 열정만큼은 아내의 기억 속에 생생하게 남아있었다.

작품 끝에서 게이브리엘은 죽은 마이클의 사랑에는 자신은 지니지 못했던 진실함이 들어있다는 것을 깨닫고 스스로를 되돌아보며 부끄러움을 느낀다. 그는 창밖에 눈이 내리는 것을 바라보며 마이클 퓨리를 포함하여 모든 인간에게 다가오는 죽음에 대하여 생각하고 "관대한 눈물"(generous tears)을 흘린다. 「죽은 사람들」은 다음의 단락으로 끝맺는다.

> 가볍게 창문 두드리는 소리에 그는 유리창 쪽으로 몸을 돌렸다. 다시 눈이 내리기 시작했나 보다. . . . 그가 서쪽으로 여행해야 할 때가 왔다. 그래 신문이 맞았어. 눈이 아일랜드 전국에 내리고 있었다. 눈은 중앙 평원의 모든 지역에 걸쳐 내리고 있고, 나무가 없는 언덕과 앨렌의 습지위에도, 그리고 훨씬 더 서쪽으로 샤논 강의 검고 거친 파도들 위로 부드럽게 내리고 있었다. 그리고 마이클 퓨리가 묻힌 언덕 위의 외로운 교회 뜰 구석 구석에도 내리고 있었다. 눈은 바람에 날려서 비뚤어진 십자가들과 묘비들 위에, 조그만 문 위에 달려있는 뾰쪽한 창에도, 황량한 가시나무에도 소복하게 쌓였다. 온 우주에 살며시 눈이 내리는 소리, 모든 살아있는 자와 죽은 자 위에 그들의 종말이 다가온 것처럼 희미하게 눈이 내리는 소리를 들으면서 그의 영혼은 천천히 잠으로 빠져들었다.

영문학에서 산문체로 쓰여진 가장 아름답고 시적인 글로 알려진 「죽은 사람들」의 마지막 문단에서 조이스는 아일랜드가 겪어온 고통스러운 역사에 대하여 경의를 표하였다.

1 영국은 식민통치를 정당화 하기 위하여 지속적인 문화정책을 펼쳤는데 아일랜드인은 야만적이며 퇴보적인 인종이라는 이론적 주장을 해왔다. 19세기에는 영국은 인종적 우월성이 일반인들에게 각인되어 보편화된 인식이 되었으며 아일랜드의 토착인 게일족을 살해하는 것은 애국적이고 정당한 것으로 간주되었다. 르네상스 시대의 위대한 시인으로 아일랜드에서 살면서 식민통치에 깊이 연루되었던 에드먼드 스펜서(Edmund Spencer)와 같은 문인은 그의 저서 『아일랜드 현 상태에 대한 시각』(*View of the Present State of Ireland*)(1596)에서 아일랜드인은 원시적인 스키타이 인종이어서 멸해야 된다고 주장할 정도였고 이러한 민족우월성과 차별이론들은 19세기에는 극에 달하면서 당시 영국의 최고의 석학으로 손꼽히는 매튜 아놀드(Matthew Arnold)와 같은 영국 최고의 지성인들이 앞장서서 주장하였다.

2 대영제국에 흡수되어 그 존재 자체도 위태로웠던 아일랜드가 오늘날에는 국민소득(GDP)이 영국보다 앞서있다.

3 James Joyce, *Creative Writing*, 171쪽.

4 James Joyce, *Letters of James Joyce*, vol.1, Ed. Stuart Gilbert (New York: Viking Press, 1957), pp. 63–64

5 조이스에게 파넬은 평생의 영웅이었으며 그는 7~8세에 파넬에 대하여 시를 쓰기도 했다. 『더블린 사람들』의 「선거사무실에서의 파넬 추모일」("Ivy Day in the Committee Room")을 비롯하여 조이스의 모든 작품에서 파넬에 대한 이야기가 나온다. 담쟁이덩굴(Ivy)은 파넬이 이끄는 당의 상징으로 "Ivy Day"는 파넬 추모일이다.

6 이 소년은 그 연유는 알 수 없지만 부모와 같이 살지 않고 친척으로 보이는 아저씨, 아주머니와 함께 살고 있다.

7 연도(litany)란 가톨릭 교회에서 사제가 외는 기도에 응하여 회중이 짧게 화답하는 기도문.

8 그 전설의 내용은, 피오누알라(Fionnghuala)는 아일랜드 바다 신의 딸로 계모의 질투에 의하여 백조로 변했다. 기독교가 전파되어 미사의 첫 종소리가 울리면 다시 제 모습으로 돌아오지만 그러기까지 900년이 걸려, 피오누알라는 늙고 시들은 인간의 모습으로 복구되지만 급히 세례를 받고 이내 묻히게 된다. 조이스는 죠지 무어나 예이츠가 벌렸던 겔릭어 부활운동이나 아일랜드 옛 신화를 복귀하려는 시도는 아일랜드의 문화에 발전을 도모하기 보다는 지장을 초래하는 것으로 보았다.

9 현재는 빌리 왕의 동상은 없어졌고 그 자리에 아일랜드 시인이며 애국자인 토마스 데이비스(Thomas Davis)의 동상이 세워졌다.

10 아일랜드 최고의 명문인 트리니티 대학은 아일랜드에서 가장 오래된 신교(영국국교인 Anglican Church) 대학으로 설립초기에는 신교도만 입학이 허가되었고 로마 가톨릭교도인 아일랜드인들은 입학이 허락되지 않았다. 이 대학에서는 아일랜드의 저명한 작가들을 다수 배출했는데 그 중에는 스위프트(Jonathan Swift), 골드스미스(Oliver Goldsmith), 에드먼드 버크(Edmund Burke), 와일드(Oscar Wild), 베케트(Samuel Beckett)와 같은 세계적인 작가들이 있다. 조이스는 집안이 가톨릭교이었기 때문에 트리니티 대학에 들어갈 수 없었고 가톨릭 대학인 University College Dublin을 졸업했다.

11 그레샴 호텔(Gresham Hotel)은 지금도 더블린의 중심가인 오코넬 가에 그대로 남아있으며 사용되고 있다.

12 오코넬 가는 1916년의 '부활절 봉기(Easter Rising)'가 일어났을 때 많은 사람들이 이곳에 집결하여 영국군에 대항했던 장소이며 1922년 아일랜드 독립국(Irish Free State)을 세우기 위하여 영국군에 항거하며 독립운동이 일어났던 역사적으로 중요한 거리이다. 현재는 더블린의 중심 거리로 화려한 상점들과 레스토랑이 들어서 있다.

13 오코넬 가에 영국의 영웅적 해군 제독인 넬슨의 거대한 동상이 세워져 있었는데 1966년 IRA(아일랜드공화국군) 멤버들이 부활절 봉기 50주년 기념 테러를 일으켜 폭파하였고 그 자리는 비어 있다가 2003년 아일랜드의 경제성장을 기념하는 '스파이어 첨탑'이 세워졌다. 당시 아일랜드 국민소득은 연 3만 달러에 이르면서 영국인의 국민소득을 추월했다.

# 욕망의 모더니티:
# 에밀 졸라와 파리의 백화점

이찬규

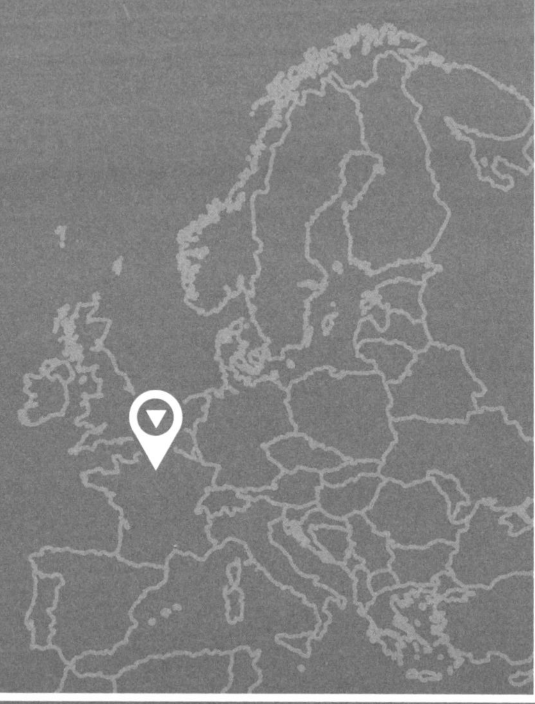

# 욕망의 모더니티: 에밀 졸라와 파리의 백화점

"백화점은 진정한 무료 극장이 아니다. 끊임없이 구매자들을 유혹하고 충동질하는 호사스러운 공간이다. 소비시대에서 과소비사회로 진입하면서 가장 두드러진 심리적 현상은 고통이다. 소유하지 못한 것, 소유할 수 없는 사물에서 비롯된 고통. 더 격렬한 고통은 자신은 소유할 수 없는 것을 소유한 사람을 바라볼 때의 고통."

– 조경란, 『백화점 그리고 사물 세계 사람』중에서–

## 1. 백화점의 탄생

프랑스 자연주의 문학을 대표하는 에밀 졸라Emile Zola는 1883년 『여인들의 행복 백화점Au Bonheur des Dames』[1]이라는 작품을 쓴다. 이는 세계 문학사에서 처음으로 백화점이라는 근대적 장소를 서사의 대상으로 삼고 있다. 좀 더 구체적으로 말하자면, 졸라는 1852년 프랑스 파리에 세워진 '봉 마르셰Bon Marché' 백화점을 사실적 관찰자의 대가답

* 이 글은 『프랑스 문화예술연구』 57(2016)에 게재된 필자의 논문을 본서의 취지에 맞도록 수정–보완한 것입니다.

게 매우 세밀하게 그려낸다. 봉 마르셰는 세계 최초의 백화점으로써 영국의 '휘틀리Whiteley'(1863), 독일의 '베르트하임Wertheim'(1870), 일본의 '미쓰코시三越'(1904) 백화점의 모태가 된다. 졸라의 소설에서 백화점은 단순한 배경적 역할을 넘어서 이야기 전개의 가장 중요한 맹아로 작동한다. 다양한 인물들의 삶이 소위 '소비의 전당' 혹은 '스펙터클의 메커니즘'으로 불리는 백화점을 거치면서 변모해나간다. 사람들은 그곳에서 자신도 모르게 타락하기도 하고, 그 타락을 찬찬히 살피면서 자신이 몰락되어 가는 과정을 객관화시키기도 한다. 아니면 그곳은 인생의 덧없음에 이르는 장소로 작동되면서 주요 인물들이 인간의 존엄성과 사랑의 가치를 새삼스레 깨닫는 매개체가 되기도 한다.

장소가 하나의 특별한 의미를 지닌 곳이 되기 위해서는 인간과 장소가 상호적인 관계성을 이룰 때이다. 그러니까 사람은 집을 만들고 집은 사람을 만든다는 오래된 격언과 같은 경우이다. 지리학자 루커만은 이와 같은 상호성을 인간 실존의 근본적인 조건으로 보면서 "인간 행위의 바탕에는 장소가 있으며, 인간 행위는 다시 장소에 특성을 부여하게 된다."[2]라고 언명한다. 에밀 졸라의 〈루공-마카르 가(家)의 사람들(Les Rougon-Macquart)〉[3] 총서는 이와 같이 장소가 특별한 의미가 될 수 있다는 맥락에서 또 다른 변별적인 독서 대상이 된다. 총서에서는 산업 혁명기에 새롭게 탄생한 특정 장소들, 이를테면 기차역, 백화점, 집단거주지 등이 서사의 배경뿐만 아니라 등장인물들의 행위를 추동하는 실존적인 모티프로 작동하기 때문이다.

우리는 그 중에서도 총서의 열한 번째 작품에 해당하는 『여인들의 행복 백화점』을 중심으로 졸라가 백화점이라는 장소를 통해 말하고자 했던 것이 무엇인지 살펴보고자 한다. 이 작품은 산업 혁명이 초래한 대량소비

문화와 그것의 장소적 구현인 백화점의 탄생 과정을 프랑스뿐만 아니라 세계 문학사에서도 유일무이하게 다루고 있는 소설이기도 하다. 졸라의 〈루공-마카르 가(家)의 사람들〉 총서에서 비극적 결말로 치닫는 다른 작품들과 비교해 볼 때 이 작품은 상대적으로 서사가 평이하고 인물들의 극적인 변모 또한 이야기의 도입부에서부터 쉽게 예측할 수 있을 만큼 전형적이다. 그러니까 사업에만 골몰하는 백화점 사장이 고아이자 가난한 백화점 점원의 진정성에 감동되어 사랑에 눈뜨게 된다. 사랑은 사회적 지위와 나이 차이마저 극복하게 해주고 결국 그들은 결혼을 약속하면서 졸라의 다른 작품에서 찾기 어려운 '해피엔딩'의 결말을 맺는다. 그런데 서사의 이러한 단순화는 각장 마다 펼쳐지는 백화점이라는 장소와 사물들에 대한 심층적인 묘사를 한층 더 돋보이게 한다. 많은 연구가들이 지적하고 있듯이 현장(現場)에 대한 졸라의 객관적인 관찰과 서술은 "가히 다큐멘터리적인 면모"라고도 칭할 수 있는 핍진성을 보여준다. 하지만 모든 뛰어난 다큐멘터리의 본질이 그렇듯이 졸라의 백화점에 대한 시점의 개별성은 뚜렷하다. 그 개별성에는 물질주의 사회가 맞닥뜨리게 될 묵시록적인 미래에 대한 예고뿐만 아니라 〈루공-마카르 가(家)의 사람들〉 총서를 통해 끊임없이 제시되었던 사회변혁의 의지가 분유되어 있다.[4] 그러니까 상품과 돈과 소비의 인간들이 만화경처럼 유동하는 백화점이라는 장소에서 졸라의 시선이 주목하는 현장과 현상들이 무엇이며 또한 그 시선의 이유에 대한 숙고가 필요한 것이다.

첫 번째 장은 『여인들의 행복 백화점』이라는 제목에 암유(暗喩)되어 있는 '어떤 불행함'에 대한 사유이다. 백화점이 표방하는 공공연한 '행복'으로부터 도리어 불행함은 어떻게 시작되는가? 이는 백화점의 특정 장소인

'쇼윈도'에 천착하는 졸라의 남다른 관점에 대한 분석, 그리고 상품에 대한 물신주의자의 '관능적 욕망'에 대한 살핌으로 이어진다. 이어지는 주제는 백화점에서 들려오는 소리에 대한 의미 탐색이 된다. 보들리야르, 슈아르츠 등이 일반적으로 언급하고 있듯이, 백화점은 시각적인 스펙터클의 총화(總和)를 이루는 장소이다. 그러한 시각중심주의의 장소에서 졸라가 예외적이라고 할 수 있는 청각적인 감각의 지평을 통해 드러내고자 했던 것이 무엇인지 해석해보는 것이 또 다른 관건이다.

## 2. 백화점, 쇼윈도, 상품의 관능 혹은 쓸쓸함

『인간 짐승』은 졸라의 〈루공-마카르 가(家)의 사람들〉 총서 중에서도 가장 참혹한 범죄 소설로 손꼽힌다.[5] 소설 속에서 전개되는 연쇄적인 죽음과 죽임들의 사단(事端)은 서로를 꽤나 아끼고 사랑했던 부부지간의 싸움에서 비롯된다. 그런데 부부는 왜 다투게 되는가? 최초의 어긋남은 외출한 아내가 남편과의 약속 시간에 한참이나 늦게 도착함으로써 시작된다. 그녀는 아예 약속 시간조차 잊고 마는데, 그 이유는 그녀가 남편과 늦은 식사를 하면서도 마음은 다른 곳에 있는 장면에서 읽혀진다.

> 파리에 올 때마다, 그녀는 이렇게 달떴다. 파리의 거리들을 누볐다는 행복감에 젖어 감격해마지 않고 봉 마르셰에서 쇼핑을 했다는 사실에 흥분을 가라앉히지 못했다. 그녀는 해마다 봄이 되면 겨울 동안 내내 모아두었던 돈을 한꺼번에 봉 마르셰에 갖다 바쳤다. 거기서 몽땅 사는 게 좋다고, 그러려고 여행 경비를 모은 거라고, 그녀는 음식을 입에 집어넣으

면서도 끊임없이 지껄였다. 그러다가 자기가 이날 쓴 총액이 삼백 프랑 도 넘는다는 것을 얼결에 발설하고는 약간 망연해져서 얼굴을 붉혔다.[6]

졸라는 남편이 철도회사의 관리로 있는 부르주아 부부의 식사 장면을 통해 십구 세기 파리의 변모된 소비문화를 짚어낸다. 소설에서 아내의 쉽게 가라앉지 못하는 '흥분'은 필요한 물건을 구입해서가 아니라 '봉 마르셰'라는 세계 최초의 백화점에서 쇼핑을 했다는 사실에 기인하기 때문이다. 남편은 계획하지도 않았던 잡다한 물건들을 사버리느라 돈을 몽땅 써버리고 부부가 함께 보낼 시간까지 허비한 아내에게 이렇게 묻는다: "그런데 셔츠 여섯 장하고 반장화 한 켤레만 사면되는 거 아니었소?" 남편은 백화점이 필요한 상품만을 사게 하는 곳이 아니라 진열되어 있는 상품들이 필요하다고 느껴지게 만드는 물신(物神)의 장소라는 것을 알지 못한다. 아내 또한 생각지도 못한 자신의 과소비를 뒤늦게 깨닫고 얼굴을 붉힌다. 졸라는 『여인들의 행복 백화점』에서 백화점의 사장으로 등장하는 옥타브 무레가 진행하는 판매 전략을 통해 여성을 대상으로 한 끊임없는 욕망의 재생산을 다음과 같이 전언한다: "백화점이 여성을 쇼윈도로 현혹시키면, 백화점의 매장들은 사시사철 이어지는 염가 판매의 덫을 놓으면서 앞 다투어 여성의 마음을 빼앗고자 경쟁했다. 그러면서 그 육체 속에 새로운 욕망을 일깨웠는데, 이는 여성이 필연적으로 굴복할 수밖에 없는 거대한 유혹이었다. 처음에는 알뜰한 주부로서 구매를 시작했다가 점차 허영심이 발동하면서 마침내 유혹에 홀딱 넘어가고 마는 식이었다. 백화점은 엄청난 물량의 판매를 통해 사치를 대중화 시키고 무시무시하게 소비를 선동했다. 그렇게 가정을 황폐화시켰고, 날로 더 많은 대가를 치르게 하는 유행의 광기를 부추겼다." 『여인들의 행복 백화점』은 백화점이라는 단일한 장소가 글쓰기의 중심 대상이 되는 유일무이한 장편 소설이다. 여기서 졸라는 백화점이 호화스러움을 대중화시킴으로써 "여성들을 소진시키는 메커니즘la mécanique à manger les femmes"(BD, p.87.)을 갖추어 가는 과정을 예리하게 보여준다. 그 중에서도 졸라가 '쇼윈도'라는 새로운 현상을 세밀하게 묘사하고 있는 점은 매우 시사적이다.[7] 『여인들의 행복 백화점』에서 여주인공 드니즈는 어린 동생들을 이끌고 일자리를 구하기 위해 생전 처음으로 파리에 상경한다. 그런데 그들이 가던 걸음을 멈춘 채 무엇보다 감탄하는 것은 파리의 영구적인 구조물이나 역사적 기념물들이 아니라 바로 백화점의 쇼윈도이다.

> 거기에는 모든 사람들의 구미에 맞게 29 프랑짜리 야회복에서 1800 프랑짜리 가격표가 붙은 벨벳코트까지 진열되어 있었다. 마네킹들의 불룩한 젖가슴은 옷의 천을 부풀게 하고, 투덕투덕한 엉덩이는 허리를 더 가늘어 보이게 했다. 머리가 없는 대신 목을 감싸고 있는 붉은색 플란넬에는 큼지막한 가격표가 핀으로 꽂혀 있었다. 쇼윈도 양옆으로는 반사되는 거울들을 교묘히 배치해놓아, 얼굴 대신 고액의 숫자를 과시하면서 팔려나갈 아름다운 여인들이 거리를 끝없이 가득 메우고 있는 것처럼 보였다. (…) 그녀와 마찬가지로, 하지만 아직 어린아이의 밝은 금발을 지닌 페페는 쇼윈도의 아름다운 여인들에 대한 놀라움과 두려움으로 인해 누이의 손길이 얼른 필요하다는 듯이 그녀 곁으로 더 바싹 달라붙었다.(*BD*, p.5.)

졸라는 백화점의 쇼윈도를 통해 상품 그 자체가 스펙터클이 되어 갖는 위력을 완곡하게 보여준다. 쇼윈도는 규방과 같은 사적인 장소에 놓여 있을 여성 의류들을 공적 장소로 전유한다. 그러니까 세계 최초의 백화점에서 졸라가 전언하는 쇼윈도는 상품의 전시뿐만 아니라 사적인 장소를 길거리에서 은밀하게 상상하게 하는 스펙터클의 장소가 된다. 주지하다시피 스펙터클은 시각적인 것과 상상적인 것이 맞물릴 때 극대화되는데, 드니즈의 첫 번째 남동생인 장은 그러한 쇼윈도를 바라 볼 때 마다 "은밀한 기쁨으로 발갛게 달아오른다."(BD. p.5.) 쇼윈도는, 보드리야르가 지적한 바와 같이, 일상의 물건이 명확히 규정된 어느 한 기능이나 욕망으로 더 이상 수렴될 수 없는 소비의 시대를 집약한다.[8] 졸라는 쇼윈도 속의 마네킹과 거기에 입혀진 여성 의류들이 필요에 의한 구매 욕망뿐만 아니라 강력한 관능 욕망을 불러일으킨다고 본다. 그러니까 졸라의 시각은 백화점이 소비자에게 상품의 기능적 가치와 함께 상상력의 대가(代價)를 극대화 하는 새로운 소비의 전당임을 꿰뚫는다. 이러한 관점에서 『여인들의 행복 백화점』에 짤막하게 등장하는 드 보브 부인은 그 역할이 단역 정도의 수준이지만 나름대로 시사하는 바가 크다. 산업혁명 시대를 거치면서 등극한 부르주아 계급과는 달리 점차 몰락해가는 귀족 집안의 드 보브 부인은 바겐세일과 같은 백화점의 갖가지 판매 전략들에도 좀처럼 넘어가지 않는 살뜰한 안주인으로 등장한다. 하지만 그녀는 백화점이라는 장소에서 또 다른 욕망을 경험하게 된다.

> 사실 드 보브 부인은 지갑 속에 마차 삯밖에 가지고 있지 않으면서도 단지 구경하면서 만져보는 즐거움을 위해 상자 속에서 온갖 종류의 레이스들을 꺼내 보이게 했다. (…) 그러고는 판매대가 넘쳐나도록 쌓아놓은 기퓌르, 말린, 발랑시엔, 샹티이 등으로 이루어진 레이스의 바다에 두

손을 풍덩 담근 채 끓어오르는 욕망으로 손가락을 가늘게 떨었다. 그러는 동안 그녀의 얼굴은 관능적인 즐거움으로 점차 달아올랐다. 곁에 있던 블랑슈 역시 똑같은 정념에 시달리느라 얼굴이 새하얘지면서 피부가 한결 더 부풀고 물러진 듯 보였다.(*BD*, p.125.)

드 보브 백작 부인은 물건을 바라보거나 만지면서 성적인 흥분과 환상에 빠져드는 물신주의자의 전형을 보여준다. 그런데 그 물건이 백화점이라는 공공장소에서 판매되고 있는 상품이라는 점에 있어서 부인의 욕망은 좀 더 남달라진다. 필요에 의한 구매라는 전통적인 구매자의 입장을 고수하는 백작 부인에게 백화점의 화려한 상품은 욕구불만을 일으키는 대상이 된다. 요컨대 백화점은 몰락해가는 귀족 계급의 부인을 물신주의자로 만들고, 또한 그 물신주의자를 끊임없는 욕구불만에 사로잡히도록 한다. 그러한 물신주의자의 욕구불만은 백화점에 항상 동행하는 부인의 어린 딸에게도 고스란히 옮겨짐으로써 보들리야르가 언급한 '공상과학소설의 불길함'이 미래의 시간에서도 여전히 유효할 것임을 시사한다. 인간에 의해 만들어진 상품이 인간을 다시 포위하고 문명사회가 오랫동안 고수해온 도덕적인 가치관들마저 위험에 빠트리는 그 불길함[9]에서 부인은 헤어 나오지 못하고 결국 파멸의 국면을 백화점에서 맞이한다. 백화점의 한 점원은 백작 부인이 물건을 계속해서 훔치다가 끌려가는 광경을 보고 이렇게 중얼거린다: "이럴 수가! 어떻게 저런 여인까지 그런 짓을! 저토록 고상해 보이는 귀족 부인이! 그렇다면 모든 여성들의 몸을 다 뒤져보아야 한다는 건가!" 졸라는 산업혁명의 물량공세와 그 발전의 혜택을 고스란히 이어받은 화려한 백화점에서 "여성을 소진시키는 메커니즘"에 따라 끝없이 추락하는 인간성을 대비시킴으로써 물신주의의 어두운 민낯을 한층 더 극적인 방식으로 보여준다.

특히 백화점의 가장 화려한 장소인 쇼윈도는 졸라의 남다른 시선을 통해 산업혁명 이후 인간이 겪게 되는 처지와 실존 배경을 환유한다. 『여인들의 행복 백화점』의 첫 장에 등장하는 갖가지 의상을 걸친 쇼윈도의 마네킹들은 그 앞을 지나가는 뭇 사내들뿐만 아니라 시골에서 갓 상경한 소녀에게까지 관능적인 충동을 느끼게 한다. 그런데 성적 대상이 된 마네킹들이 머리가 없는 대신 그곳에 제각기 가격표를 매달고 있다는 졸라의 관찰 시점은 의미가 깊다. 이는 상품과 그것을 살 수 있는 자본만이 모든 가치의 척도가 되는 소비 사회의 단면을 선연하게 보여준다. 그러한 마네킹들을 향한 관능적 충동의 헛됨은 "상품의 배후에는 텅 빈 인간관계"[10]만이 있을 뿐이라는 보들리야르의 지적을 환기시킨다. 앞의 인용문에서 마네킹들이 이중 거울의 복사 효과로 쇼윈도에서 내려와 거리를 가득 메우는 착각을 불러일으키는 대목은 또 다른 '공상과학소설의 불길함'을 떠올리게 한다. 보들리야르는 오늘날의 소비사회에 있어서 백화점의 쇼윈도가 행복한 때에도 불행한 때에도 자신의 모습을 바라보게 해주던 '거울'을 대신한다고 본다. 거울을 대신한 쇼윈도는, 보들리야르의 표현을 좀 더 빌리자면, 마치 영혼을 사들이는 악마의 거울처럼 개인을 반영하기는커녕 오히려 흡수해서 없애버린다.[11] 그런데 졸라는 그러한 쇼윈도의 마네킹들이 무한하게 복사되는 환영을 통해 자아의 개인적 현시가 일괄적으로 상품화와 구경거리의 문제로 환원되는 국면을 예감하게 한다. 『여인들의 행복 백화점』에 등장하는 마르티 부인은 쇼윈도에 전시된 새로운 상품들에 유별나게 "관능적 욕구"를 느끼는 또 다른 물신주의자다. 그녀의 유별남은 백화점을 벗어나서도 자신을 현시하기 위해 사람들 앞에서 스스로 백화점 쇼윈도의 역할을 수행함으로써 한층 더 뚜렷해진다.

> 그녀는 자신이 산 물건들을 아직 보여주지 못했기 때문에, 그것들을 펼쳐놓고 싶어서 몸이 잔뜩 달아올라 있었다. 그것은 일종의 관능적인 욕구와도 같은 것이었다. 그러다 남편의 존재마저 까맣게 잊어버린 그녀는 난데없이 가방을 열어 판지에 돌돌 말려 있는 몇 미터짜리 가느다란 레이스들을 꺼내 들었다. (…) 그때부터 그 가방은 마르지 않는 화수분 같았다. 마르티 부인은 새로운 물건을 하나씩 꺼낼 때마다 알몸을 내보이는 여인네처럼 당혹스러워했다. 그러면서 느껴지는 쾌락으로 얼굴을 붉히는 모습이 그녀를 더욱 모호하면서도 매력적으로 보이게 했다.(*BD*, p.92-93.)

졸라가 창안한 마르티 부인의 행동 중에서 흥미로운 것은 그녀가 쇼핑한 물건들을 사용하기 위해 집으로 가져가는 대신 그것들을 다른 사람들에게 자랑하기 위해 커다란 가방 속에 줄곧 갖고 다닌다는 점이다. 이러한 행위는 데이비드 하비가 지적한 산업혁명기의 새로운 소비문화의 한 단면을 증거한다: "부르주아 여성들이 대로를 산책하고, 쇼윈도를 구경하며 구매하고 산 물건을 재빨리 집이나 침실로 갖고 들어가기보다는 공적 공간에서 과시하는 것이 유행에 필요한 일이 되었다."[12] 결국 그녀의 쇼핑 중독으로 인해 고등학교 교사인 남편은 경제적으로 파산하고 만다. 졸라는 대도시, 대로와 함께 새로운 소비 문화의 메커니즘을 보여주는 백화점의 탄생을 필연적인 진보의 과정으로 상정한다. 하지만 그와 동시에 『여인들의 행복 백화점』은 소비문화의 '자연화'를 이끄는 백화점이 곳곳에서 가정과 그에 따른 사적 시간들을 파괴하는 비극 또한 놓치지 않는다. 백화점 사장인 무레는 백화점이라는 소비 공간이 사적 공간을 온전하게 대신할 것이라는 자신의 포부를 이렇게 밝힌다: "여자들은 자기 집에 있는 거나 마찬가지라네. 난 여기서 케이크를 먹고 편지를 쓰면서 하루해를 다 보내는 여자들을 알고 있지…. 이제 그들을 재워주는 일만 남은 거야."[13] 그러니까『여인들의 행복 백화점』이라는 제목은 '행복'이 상품의 소비와 소비를 통한 자기 현시로 수렴되는 자본주의 사회에 있어서 진정한 '행복'의 의미가 무엇인지를 되묻는 화두이기도 할 것이다.

## 3. 백화점의 소리풍경

졸라가『여인들의 행복 백화점』에서 묘사했던 십구 세기 백화점의 풍경과 욕망의 인간사(人間事)는 오늘날의 백화점에서도 고스란히 다시 반복된다.[14] 그리고 물신(物神)의 전당인 백화점에 대한 세세한 묘사를 통해 작가가 드러내고자 했던 진실들은 소비사회의 어두운 이면들을 다시금 숙고하게 한다. 때문에 이채영, 엘리에스 아시드 등과 같은 경우는 졸라의 작품을 통해서 오늘날의 올바른 상도덕과 소비자 교육에 대한 유의미한 담론을 이끌어내기도 한다.[15] 한편으로 뉴 미디어 세계의 부흥은 구매자가 자신의 거주지에 머물며 다양한 상품들을 살 수 있는 새로운 소비 시스템과 물적 이동의 방식을 제시한다. 하지만 백화점에서부터 쇼핑몰에 이르기까지 변치 않는 것이 있다면 언제나 대량소비문화를 부추기는 시각중심주의의 스펙터클일 것이다. 바네사 슈와르츠는『구경꾼의 탄생』에서 십구 세기 파리의 백화점을 근대 도시 문화의 전형으로 보면서 그에 따른 시각중심주의의 지속적인 측면을 다음과 같이 언급한다. "구경이라는 도시 문화가 출현하면서 파리는 시각적 쾌락을 즐기는 새로운 종류의 '군중'과 동의어가 된다. 군중의 변형과 군중이 추구하는 행복은 20세기를 거치면서 현대 대중 사회를 정의할 수 있는 본질이 되었다. 시각적 쾌락은 여전히 현대적인 쾌락을 추구하는 군중의 강력한 도구로 남는다."[16]

백화점은 물건들이 충분히 있는 것이 아니라 너무나도 많이 있는 장소이다. 졸라는 물건의 과잉이 하나의 스펙터클이 되고, 그러한 스펙터클이 "시각적 쾌락"에 열광하는 군중을 만들어내는 장면들을『여인들의 행복 백화점』에서 핍진성 있게 묘사한다. 그런데 졸라의 핍진성은 '구경꾼들'에 둘러싸여 있는 백화점이라는 장소를 시각뿐만 아니라 빈번하게 청각적인 방식으로 인식하게 해준다는 점에 있어서 좀 더 뚜렷한 변별성을 갖는다. 이러한 변별성은 한편으로 근대 문화의 특징인 시각 영역의 '확대'가 공감각적으로 형성된 인류의 다층적인 경험 영역을 명백하게 '축소'시켰다는 돈 아이디의 지적을 환기시킨다.[17] 또 다른 한편으로 이는 외면적 양상들을 넘어서 '다른 것(autre chose)', '저 너머(au-delà)', 그리고 '그 안쪽(au-dedans)'으로 다가가고자 하는 졸라의 진실에 대한 열망을 헤아리게 해준다.[18] 그러니까 졸라는 백화점의 쇼윈도, 진열된 상품들, 구경꾼들 사이에서 '기계(la machine)'로 환유되는 백화점의 소리를 듣는다.

> 하지만 백화점을 불타오르게 하는 공장 같은 열기는 무엇보다도 벽 너머로 느껴지는 판매와 판매대의 소란에서 비롯되었다. 쉬지 않고 힘차게 돌아가는 기계의 윙윙대는 소리가 느껴지는 가운데, 상품들에 정신을 빼앗긴 고객들이 화덕 속으로 뛰어들 듯 너도나도 매장 앞으로 몰려

> 들었다가는 몸을 내던지듯 계산대로 향했다. 이 모든 것은 기계 같은 정확함으로 계획되고 작동되고 있었는데, 마치 온 나라의 여인들이 톱니바퀴 장치의 힘과 논리에 따라 움직이는 듯 했다.(*BD*, p.17.)

소리의 특성 중의 하나는 보이지 않는다는 것이다. 졸라의 작품 속에서 백화점이 빈번하게 보이지 않는 기계 소리로 환유되고 있는 점은 의미가 깊다. 여주인공 드니즈도 처음 백화점 안으로 들어오면서 휘황찬란한 물건들 앞에서 눈이 휘둥그레지지만 곧이어 백화점 전체가 알 수 없는 "강력한 힘으로 작동되는 기계의 소음"(*BD*, p.16.)을 내는 착각에 빠진다. 백화점이 내는 기계의 소음은 인간에 대한 것이 아니라 물건에 대한 애착으로 빠져들게 하는 소비의 메커니즘에 대한 다음과 같은 졸라의 언급을 환기시킨다: "이 모든 것은 기계 같은 정확함으로 계획되고 작동되고 있었는데, 마치 온 나라의 여인들이 톱니바퀴 장치의 힘과 논리에 따라 움직이는 듯 했다." 한편으로 기계 소리는 백화점의 보이지 않는 물신적 메커니즘의 힘을 환유할 뿐만 아니라 실제적인 것이기도 하다. 졸라는 『여인들의 행복 백화점』에서 물류이동을 담당하고 있는 컨베이어 벨트 시스템을 세밀하게 묘사하고 있는데, 그 기계 소리는 백화점의 기조음(基調音)[19]이 된다: "지하층으로 내려간 무레는 제일 먼저 컨베이어 벨트 앞에 멈춰 섰다. 여전히 뇌브-생-오귀스탱 거리에 면해 있는 컨베이어 벨트는 그 사이에 확장되어, 그 위로 물건들이 끊임없이 통과했다. 마치 강바닥 위로 요란한 소리를 내며 급류가 흘러가는 듯 했다. (…) 가까이에서 컨베이어 벨트가 작동하면서 내는 우르릉거리는 소리가 끊임없이 들려오면서 목소리들을 압도했다."(*BD*, pp.378-379.) 백화점의 사장인 무레가 출근하면서 무엇보다 먼저 점검하는 것은 상품 판매를 하는 공공장소에서 당시에는 처음으로 사용되었던 컨베이어 벨트 시스템이다. 장 로스탕, 이철의 등이 언급하고 있듯이 십구 세기 프랑스 문학사에서 졸라만큼 기계문명에 대한 관심을 가진 작가는 찾아보기 어렵다.[20] 좀 더 나아가자면, 졸라의 작품 속에서 기계는 서사의 단순한 배경이나 소재로 소모되는 것이 아니라 인간과 기계가 맺는 관계에 대한 총합적인 사유를 보여준다. 졸라는 산업혁명기에 만연했던 기계예찬론자들과는 달리 기계에 대한 사회 문제 뿐만 아니라 묵시록적 의식까지 겸비한다. 앞의 인용문에서 컨베이어 벨트 소리가 인간의 목소리들을 집어삼켜서 서로 소통조차 할 수 없는 백화점의 작업 환경에 대한 지속적인 묘사는 기계의 소음에 대한 예외적인 문제 제기로 인해 시사적이다. 샤페르에 따르면 산업혁명기의 대도시에서 들려오는 기계소리는 차라리 "힘과 진보"를 담보하는 "행복한 상징성un symbolisme heureux"을 가지고 있었기 때문이다.[21] 샤페르는 스탕달, 공쿠르 형제, 토마스 만 등과 같은 십구 세기를 대표하는 유럽 작가들의 문학 작품 속에서 기계 소리를 "애착음la préférance acoustique"으로 여기는 경우들을 예시하면서 다음과 같이 덧붙인다 : "산업혁명 이래로 서양인은 기계가 야기한 속도, 효율, 규칙성 그리고 그것이 보장해주는 개인과 집단의 힘을 확대하는데 열중했다. 그리고 과학 기술로 인한 소음에 대한 이 같은 열광은 전 지구적으로 확장되고 있는 중이다." 샤페르의 지적은 일리가 있으면서도 주지하다시피 얼마간의 무리가 발견된다. 그는 과학 기술의 진보에 따른 기계의 소음에 대한 열광이 전 지구적인 현재진행형이라고 보는데, 오늘날 현대인이 소음 공해에 대해서 얼마나 민감하게 반응하고 있는지를 더불어 산정하지 않고 있기 때문이다. 하지만 분명한 것은 산업혁명기에 기계 및 건설에 따른 소음에 대한 문제제기는 매우 드물었다는 점이다. 이러한 시대적 맥락에서 점점 입지를 넓혀가는 백화점의 소음에 대한 졸라의 묘사는 한층 더 주목할 만하다.

> 보뒤 가족이 기대하지 않은 기쁨과 희망의 시간을 누릴 때 벽돌 더미를 나르는 화차의 굉음과 돌 깎는 인부의 톱질 소리, 석공의 고함소리는 당장 그들에게 또 다른 좌절감을 안겨 주기에 충분했다. 게다가 그로 인해 온 동네가 들썩거렸다. (…) 일꾼들이 계속 교체되면서 망치질이 끊이지 않았고, 기계들은 쉬지 않고 윙윙대는 소리를 뱉어냈다. 그들은 여전히 큰소리로 외쳐대면서 석고 가루 먼지를 일으켜 사방으로 퍼트렸다. 그러자 극단적으로 예민해진 보뒤 가족은 밤에도 잠자는 것을 포기해야만 했다. 침실에서조차 진동이 느껴지면서 기진맥진한 그들에게 들려오는 소음은 마치 악몽과 같았다.(*BD*, pp.248-249.)

인용문에 등장하는 보뒤 가족은 삼대에 걸쳐 직물만을 전문적으로 판매해 온 뼈대 있는 소상공인의 삶을 표상한다. 졸라는『여인들의 행복 백화점』에서 대량소비의 장소인 백화점의 번영에 따라 그러한 소상공인의 가게들이 점차 몰락해가는 과정 또한 놓치지 않고 세세하게 보여준다. 보뒤의 조카이자 백화점의 여점원인 드니즈가 피해자의 편에 있으면서도 새로운 시대를 위해서 이러한 번영과 몰락을 필연적인 과정으로 받아들이는 점은 한편으로 문명의 진보에 대한 졸라의 도저한 믿음과 일맥상통한다.[22] 하지만 문명의 진보가 개개인의 인간에게 가했던 실제적 고통 또한 간과하지 않는 것이 졸라의 당대적 윤리 의식이기도 하다. 그 중에서도 도시 개발과 기계의 소리가 악몽처럼 반복되고 시민들의 이성까지 잃게 만드는 대목들은 십구 세기의 다른 작가들에게서 찾기 어려운 변별성을 갖는다. 또한 백화점에서 들려오는 소음이 마치 뒤에서 쫓아오는 기관차의 소리처럼 들려온다는 어느 늙은 장인(匠人)의 절규는 묵시록적인 상징으로 읽혀지기도 한다.[23] 그 절규는 근대 문명이 담보하고 있는 가공할 속도전을 감내하지 못하고 결국 탈락할 수밖에 없는 또 다른 인간들의 비극을 환유하고 있기 때문이다. 산업혁명기의 전후 백년을 걸쳐 "노동조합도 사회개혁가도 의사도 도시의 소음을 문제 삼지 않았다"[24]는 점을 고려해본다면, 당대의 소음 공해에 대한 졸라의 사실적 혹은 상징적 지적들은 시대를 분연하게 앞서간 환경적 인식일 수 있을 것이다.[25] 한편으로 졸라가 시각중심주의 문화의 총화라고 할 수 있는 백화점에 대해서 여러 차례에 걸쳐 마치 눈먼 자를 위한 것인 듯 온전하게 청각적인 풍경으로 묘사하는 방식은 살펴 볼 필요가 있는 특이성이다.

> 직원의 발걸음 소리와 속삭이는 말들, 백화점의 홀을 가로지르는 여인의 치마가 스치면서 내는 소리들만이 난방장치의 열기 속으로 미세하게 잦아들면서 들려왔다. 그 사이 마차들이 도착하면서, 말들이 급작스럽게 멈춰 서고 마차의 문이 거칠게 다시 닫히는 소리가 났다. 바깥에서는 쇼윈도 앞에서 서로 떼미는 호기심 많은 구경꾼들과 가이용 광장에 주차하는 삯마차들 소리 그리고 군중이 몰려오는 것 같은 웅성거림이 아득히 전해져왔다.(*BD*, p.108.)

이러한 백화점의 '소리 풍경le paysage sonore'은 "치마가 스치면서 내는 소리"와 같은 근접한 소리, 그리고 쇼윈도 앞의 군중의 웅성거림과 같은 원경의 소리들이 서로 공명하면서 마치 회화의 사실적인 화면 구성과 같은 원근법을 구축한다. 이는 공간을 점층적으로 청각화 하는 묘사의 미학적 측면을 가늠해볼만한 부분이기도 하다. 그런데 소리는 그 어떤 감각적 요소들 보다 지속에 반(反)하는 근본적인 특성을 지니고 있다. 소리는 "시간적 달아남"을 가장 잘 느끼게 해주는 체험적 감각이라는 돈 아이디의 지적은 이러한 반-지속성의 특성과 맞닿아있다.[26] 그러니까 온전하게 소리로만 묘사된 백화점의 풍경은 그곳의 모든 재화(財貨)들의 덧없음을 상정한다. 이러한 덧없음은 백화점을 통해 "여성들을 소진시키는 기계 시스템"을 창안하고자 했던 무레 사장(社長)이 종국에는 느끼게 되는 감정이기도 하다. 그는 자신의 황금 신전(神殿)이었던 백화점으로부터 덧없음의 소리를 듣는다 : "삼천 명에 달하는 직원들이 엄청난 재물을 두 팔에 하나 가득 안고 분주하게 움직이는 소리가 그의 귓가에 아득하게 전해져 왔다. 그곳에 있는 백만 프랑이 다 무슨 소용이란 말인가! 삶의 아이러니가 그를 비웃는 듯 그 돈은 그에게 고통을 안겨 줄 뿐이었다."(*BD*, p.331.) 오래전부터 존재했던 사랑에 대한 수많은 이야기들처럼, 무레 또한 한 여자에 대한 사랑으로 인해 재화의 덧없음을 깨닫는다. 그는 마침내 자신이 오래전부터 질타했던 어느 백화점 점원의 이상스런 환청을 이해하게 된다. 그것은 점원이 사랑하는 연인을 만날 때면 백화점의 "금전 등록기에 부딪히는 금화 소리"와 같은 소음들 속에서 "목초지 위로 불어와 커다란 나무들을 뒤흔드는 바람 소리"(*BD*, p.390.)를 듣는 환청이기 때문이다. 그러니까 그는 자신이 만든 백화점의 화려한 물신(物神)의 스펙터클에 몰려든 수많은 구경꾼들 사이에서 스스로 눈먼 자가 된다. 눈먼 자란『인간 짐승』의 비극을 초래했던 주인공과는 달리 사랑하는 사람을 조금이라도 빨리 만나기 위해 백화점의 쇼윈도를 그냥 지나칠 수 있는 자이기도 하다.

## 4. 새로운 쓸쓸함과 사랑에 눈먼 자

김인호는『백화점의 문화사』에서 에밀 졸라를 소개하고 있다. 졸라만큼 문학 작품 속에서 백화점이라는 장소를 그렇게 세세하게 언급한 작가가 아직까지 없기 때문일 것이다. "봉마르셰의 등장에 환호한 사람들 가운데 에밀 졸라만큼 적극적인 사람도 없었다. 에밀 졸라는 19세기 문화의 중심도시인 파리를 논할 때 사진작가이자 문학가로서 여러 분야에 등장하는 인물인데, 그는 철저한 봉마르셰의 팬이었다. 그의 작품인『부인들의 천국』을 보면, 19세기 파리 문화 속에서 꽃피운 백화점 봉마르셰가 가진 화려함과 창업자 부시코가 시도한 소비자에 대한 욕망 환기용 마술에 대한 예찬을 하는 대목이 수없이 발견된다."[27] 그러니까『여인들의 행복 백화점』은 1852년 파리에서 세계 최초로 '봉 마르셰'라는 이름의 백화점을 세운 아리스티드 부시코Aristid Boucicaut를 모델로 삼고 있다는 점에 있어서 백화점의 역사적 펙트와 서사적 지대를 공유한다. 또한 졸라는 소비자본주의 사회의 집약체인 백화점의 번영과 전통 상점의 몰락을 하나의 역사적 진보로 본다. 소설에 등장하는 자본가들 대신 몰락한 염색업자의 자녀이자 백화점의 점원인 여주인공을 통해 이러한 진보를 "어쩔 수 없이 거쳐야 하는 과정이자 피로써 치러내야 하는 몫"(BD, p.390.)으로 인정하는 것은 뜻이 깊다. 그런데 졸라의 남다른 점은 백화점의 탄생과 번영을 인정은 하나 전적으로 긍정하지 않는데 있다. 이는 백화점의 사장인 무레가 너무나 많은 물건들과 자본의 번영 앞에서 참을 수 없는 결핍감에 시달리는 것과 같다. 김인호와 같이『여인들의 행복 백화점』이 백화점에 대한 수많은 '예찬'들로 이루어져 있다는 견해는 단순하게 그 일면만을 지적하는 꼴이 된다. 요컨대 졸라는 문명의 진보에 있어서 "피로써 치러내야 하는 몫"이 언제나 있었고 또한 앞으로도 있을 것임을 전언한다. 그리고 이는『여인들의 행복 백화점』이 실제적인 역사를 서사의 바탕으로 삼고 있으면서도 '현실 자체'뿐만 아니라 '현실과의 긴장 관계'를 또한 담보하고 있는 이유가 된다.

백화점의 쇼윈도에 대한 졸라의 관점은 흥미롭다. 졸라는 쇼윈도가 사람들이 기쁠 때나 슬플 때나 자기 자신을 바라보던 거울을 대신하게 되었다는 보들리야르의 사유를 마치 혜안(慧眼)처럼 훨씬 오래전에 내비치고 있기 때문이다.『여인들의 행복 백화점』은 물신(物神)의 장소인 백화점이 사적인 시공간과 인간관계의 가치들마저 전유하는 산업혁명기의 격동과 그 격동의 쓸쓸함을 동시에 보여줌으로써 한층 더 개별적인 작품이 된다. 졸라는 사람들이 공공장소에 전시된 쇼윈도의 상품들에서 성적 욕망을 느끼는 물신주의자가 되는 과정을 찬찬히 보여준다. 이는『여인들의 행복 백화점』이 단순하게 두 남녀간의 "판타지가 넘실대는 곳에서 꽃핀 동화 같은 사랑"[28]으로만 읽혀지지 않는 이유 중의 하나이다. 그 중에서도 쇼윈도의 '신상'들을 구입해서 큰 가방에 넣고 다니며 사람들에게 자랑하는 것을 업으로 삼는 한 여인의 행적은 소비 사회에서 생겨난 쓸쓸함의 면목을 보여준다. 여인은 자기 현시를 하기 위해 스스로 백화점의 쇼윈도가 된다. 여인의 행적은 사람들이 밥을 먹는 행위를 '소비한다'라는 표현으로 쓰지 않는 이유를 환기하게 한다. 그러니까 '소비'라는 용어는 결국 '과잉 현상'과 연결된다. 졸라는 물건들이 충분히 있는 것이 아니라 너무나 많이 있는 '장소'에서 생겨난 '새로운 쓸쓸함'을 알려준다.

『여인들의 행복 백화점』은 백화점이 확장되면서 내는 소음들을 본격적으로 문제 삼고 있다는 점에서 새롭게 평가받을 수 있는 당대적 가치를 지닌다. 문명의 진보에 따른 기계와 대도시의 소음을 하나의 '애착음'으로도 여겼던 산업혁명기의 문학에 있어서 이러한 환경적 인식은 보다 더 두드러진다. 한편으로 백화점의 쇼윈도는 소비사회가 '시각중심주의 visualisme' 문화로 재편되어 있음을 보여주는 하나의 표본이기도 하다. 때문에 졸라가 백화점의 만화경을 마치 눈먼 자가 쇼핑을 온 것처럼 빈번하게 소리라는 감각을 통해 재현하는 역설적 방식은 뜻이 깊다. 이는 '본다는 것'이 세계의 실체를 파악하는 가장 중요한 방편으로 여겨온 오래된 통념에 대한 우려이기도 하다. 『여인들의 행복 백화점』에서 여주인공 드니즈는 백화점의 보이지 않는 곳에서 들려오는 거대한 기계 소리를 계속해서 환청처럼 듣는다. 이는 쇼윈도와 같이 '보이는 것'을 통해서 불필요한 욕망들을 끊임없이 재생산하는 백화점의 '유혹 장치'가 내는 소리이기도 하다.[29] 또한 드니즈는 꿈속에서도 보이지 않는 거대한 기계가 장인(匠人)들의 오래된 정주지들을 무너뜨리는 소리를 듣는다. 이러한 '환청의 들림'은 드니즈가 백화점의 화려함과 그 물질적 풍요를 '눈먼 자'처럼 지나칠 수 있게 해주는 까닭이 된다. 백화점의 사장인 무레는 하나의 클리셰처럼 '황금 보기를 돌처럼 여기는' 그녀를 사랑하게 된다. 그러니까 그는 '여인들의 행복 백화점'에서 사랑에 눈먼 자가 된다.

1 *Au Bonheur des Dames*는 박명숙이 국내에서 처음으로『여인들의 행복 백화점』(2012, 시공사)이라는 제목으로 완역했다. 우리는 완역된 작품의 제목을 따랐다. 본문 번역의 경우 부분적으로 위의 책에 의거하였으나 필요한 경우는 모두 달리 했다.

2 F. Lukermann, "Geography as a formal intellectual discipline and the way in which it contributes to human knowledge" in *Canadian Geographer*, Vol.8, 1964, p.167.

3 "제 2제정(帝政)하의 한 가족의 자연적 · 사회적 역사(Histoire naturelle et sociale d'une famille sous le Second Empire)"라는 부제가 붙어 있는 이 총서는 모두 스무 편의 장편 소설들로 이루어져 있다.

4 졸라는 일테면 자연주의 문학의 선언서라고 할 수 있는『실험소설』에서 소설가의 길을 걷는 이유들 중의 하나가 실천적 사회학을 하는 것이라고 명시한다: "우리는 실천적 사회학을 하는 것이며, 우리의 과업은 정치학자와 경제학자의 일을 돕는 셈이다. 다시 한 번 말하지만 나는 이 보다 더 고귀한 작업, 이보다 더 폭넓은 응용을 모른다. 선과 악의 주인이 되는 것, 삶을 조절하는 것, 사회를 조절하는 것, 결국 사회주의의 모든 문제를 해결하는 것, 특히 실험에 의해 범죄의 문제를 해결함으로써 정의의 굳건한 토대를 마련하는 것, 이것이야말로 인류의 과업 중에서 가장 유용하고 가장 도덕적인 것을 도맡는 장본인이 되는 것이 아니겠는가?"(Emile Zola, *Le roman expérimental*, Garnier-Flammarion, 2006, p.40.)

5 Alain Pagès, *Emile Zola : Bilan critique*, Nathan Université, 1999, pp.60-61.

6 Emile Zola, *La Bête humaine*, Pocket, 1998, p.32.

7 하비에 따르면 백화점의 쇼윈도는 1855년 처음으로 파리에 생겨났는데, 근대의 소비사회를 이끄는 '유혹 장치'들 중의 하나로 간주된다. 또한 당시의 쇼윈도 전시는 "새로운 계열의 기술이자 급료도 좋은 직종"이었다.(데이비드 하비,『모더니티의 수도, 파리』, 김병화 옮김, 생각의 나무, 2007, p.310.)

8 Jean Baudrillard, *La société de consommation : ses mythes ses structures*, Denoel, 1970, p.14.

9 Cf. Ibid., p.18.

10 Jean Baudrillard, *La société de consommation : ses mythes ses structures, op.cit.*, p.346.

11 *Ibid*. pp.309-310.

12 데이비드 하비,『모더니티의 수도, 파리』, op.cit., p.311.

13 "Elle sont chez elles, j'en connais qui passent la journée ici, à manger des gâteaux et à écrire leur correspondance…. Il ne me reste qu'à les coucher."(BD, p.290.)

14 졸라가 묘사한 십구 세기의 백화점과 세계 최초의 백화점인 '봉 마르셰', 그리고 이십세기의 백화점에 대한 비교 연구는 다음 서지를 참고할 것: Maurice Bouvier-Ajam, "Zola et les magasins de nouveautés" in *Europe*, 1968, Numéro 468-469, pp.47-53.

15 이채영,「19세기 프랑스 백화점 문화를 통한 소비자교육의 가능성 연구」,『프랑스학연구』, 2014, 제68호, pp.265-304; Marie-Louise Héliès-Hassid, "*Au Bonheur des dames* ou la leçon de commerce de M. Zola" in *Décisions Marketing*, 2000, Numéro 20, pp.35-46.

16 바네사 R. 슈와르츠,『구경꾼의 탄생』, 노명우 옮김, 마티, 2009, pp. 306-307.

17 돈 아이디,『소리의 현상학』, 박종문 옮김, 예전사, 2006, p.27.

18 이찬규,「가스통 바슐라르의 대지적 상상력과 심층생태학」,『프랑스어문교육』, 2014, 제46집, p.226.

19 소리환경 연구가인 샤페르는 자연 환경에 따라 특정 지역에서 가장 많이 들을 수 있고 또한 그곳에 사는 사람들의 마음과 생활양식에 영향을 미치는 소리를 "기조음(la tonalité)"이라고 칭한다.(Cf. Murray Schafer, *Le paysage sonore - le monde comme musique*, Wildproject, 2010, p.45.) 졸라의 경우에는 자연의 소리는 아니지만 도시의 특정 장소에서 들려오는 소리를 이러한 '기조음'으로 상정해 볼 수 있을 것이다.

20 Jean Rostand, "L'œuvre de Zola et la pensée scientifique" in Europe, 1968, Numéro 468-469, pp.360-362 ; 이철의,「〈인간 짐승〉 혹은 모호한 진보」,『불어불문학연구』, 제 97권, 2014, p.330. 특히 이철의는 기계문명에 대한 졸라의 애착을 다음과 같이 설명한다 : "탁월한 엔지니어를 아버지로 둔 졸라는 태생적으로 기계예찬론자였는지도 모른다. 널리 알려져 있듯이 작품 활동 초기부터 졸라는 기계와 기술이 미래로 열린 길이며, 과학이, 그 중에서도 특히 자연과학이 인간과 사물에 대한 보다 깊은 이해를 가능하게 해줄 것이라고 믿었다."

21 Murray Schafer, *Le paysage sonore - le monde comme musique, op.cit.*, p.262.

22 드니즈가 마침내 백화점 사장인 무레의 구애를 받아들이고 백화점의 번영을 주체적으로 이끌기 전에 하는 생각은 이러한 진보의 변증법적 맥락을 함축한다: "맙소사! 얼마나 가혹한 형벌인가! 눈물 흘리는 가족들, 길거리로 내쫓기는 노인들, 파산으로 비롯된 가슴을 에는 듯한 온갖 비극들! 그런데 그녀는 아무도 구할 수가 없었다. 그녀는 이 모

든 것이 올곧은 과정이며, 내일의 파리가 건강하기 위해서는 고통이라는 밑거름이 필요하다는 것을 깨달았다.(BD, p.425.)

23 "자네도 들리나…. 옆에서, 저치들이 내는 우르릉거리는 소리 말이야! 단언컨대, 저게 날 가장 미치게 만드는 거라고! 등 뒤에서 기관차의 빌어먹을 소리 같은 것이 끊임없이 들려온다고 생각해보라고!"(BD, p.216.)

24 Murray Schafer, *Le paysage sonore - le monde comme musique, op.cit.,* p.121.

25 역사학자 귀통은 파리 시청의 민원 자료들을 통해 십구 세기 환경 문제가 거의 대부분 '악취'와 관련되어 있음을 밝히고 있다. (Cf. Jean–Pierre Guitton, *Bruits et sons dans notre histoire,* PUF, 2000, p.143.) 좀 더 흥미로운 것은 코르뱅의 지적인데, 십구 세기 파리 시민들이 기계와 건설 현장의 소음에 대해서는 불만이 없었지만 교회의 커다란 종소리에 대해서는 빈번하게 민원을 제기했다는 점이다. (*Cf.* Alain Corbin, *Les cloches de la terre : Paysage sonore et culture sensible dans les campagnes au XIXe siècle, Flammarion,* 2013, pp.38–40.)

26 돈 아이디, 『소리의 현상학』, *op.cit.,* p.225.

27 김인호, 『백화점의 문화사』, 살림, 2008, pp.6–7.

28 국내의 완역본 해설 제목의 일부분이다.

29 페트바르트는 시각중심주의 문화로 재편된 오늘날의 소비사회를 이렇게 정의한다: "결국 우리는 오늘날 서서히 '볼 수 없는 것'이 사라져 가는 듯한 새로운 정치 사회적 형태가 출현하는 데에 들어서고 있지 않은가 하는 것입니다." (페테르 파르 페르바르트, 「볼 수 없는 것의 생태학」, 『세 가지 생태학』, 윤수종 옮김, 동문선, 2003, p.65.)

# 국제정치와
# 종교개혁의 심장: 제네바

김태연

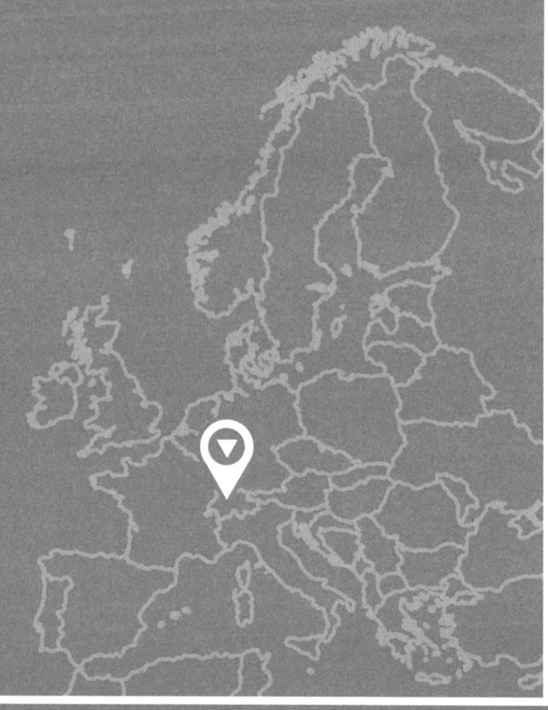

# 국제정치와 종교개혁의 심장: 제네바

## 1. 들어가며

스위스는 인구 824만 정도의 작은 나라이다. 그러나 1인당 GDP는 세계 2위인 작지만 강하고 내실있는 나라로 꼽힌다. UN의 자문기구인 유엔 지속발전해법네트워크(SDSN: Sustanable Development Solutions Network)에서 발표한 2018년 세계 행복지수는 다음의 여섯 가지 항목, "1인당 GDP, 건강 기대수명, 사회복지, 선택의 자유, 부패에 대한 인식, 사회의 관용"을 중심으로 조사한 것이다. 이 조사 결과에서 스위스는 5위를 기록하였다. 반면 한국은 57위를 차지하고 있었다.[1] 한국과 스위스의 행복지수나 GDP의 격차는 매우 크다. 게다가 스위스의 경우 유럽에 자리하고 있어 역사적, 문화적으로도 한국과 많이 다르다. 하지만 스위스의 지리적 여건과 그 역사적인 질곡을 살펴볼 때, 영세 무장 중립국으로 자리잡게 된 스위스의 역사는 우리에게 참조할만한 가치가 있다.

역사적으로 스위스는 강대국들로 둘러싸였으며 강대국들이 정치적 경제적 이권을 차지하기 위해 개입하고 충돌하는 곳이었다. 우리가 살고 있는 한반도 또한 지정학적으로 강대국들에 둘러싸인 곳이다.

▲ 스위스 제네바에 매우 인접해 위치한 프랑스의 몽블랑 계곡

현재 남북 분단의 상황은 이념적 갈등의 문제뿐 아니라, 주요하게는 강대국간의 냉전으로 인해 빚어진 결과이기도 하다. 과거에도 그랬으며 현재에도 여전히 강대국들 사이의 긴장관계 속에서 우리는 평화를 찾아 나아가야만 하는 큰 과제를 갖고 있다. 이러한 상황 속에서 우리는 스위스의 정치적 중립으로 인한 혜택들인 정치적 사회적 안정과 경제적 번영에 관심을 갖지 않을 수 없다.[2] 비록 현재의 한반도의 정세가 중립의 길로 나아가는 데 있어 현실적 여건 속에서는 결코 불가능하게 보인다 하더라도 인류 역사의 좋은 사례들을 통해 한국이 자신의 길을 개척해 나아가는데 있어 자극과 영감을 얻을 수 있기 때문이다.

이 글에서는 우선적으로 스위스의 정체성을 구성하는 스위스의 중립에 대해 알아보면서 동시에 스위스에서 두 번째로 큰 도시인 제네바에 대해 주요하게 살펴보고자 한다. 제네바야말로 지정학적으로 프랑스와 이탈리아, 그리고 스위스가 교차하는 지점으로서 국제적인 교역과 학문적 교류에 탁월한 지역적 조건을 갖추고 있는 도시이기 때문이다. 잘 알려져 있다시피 제네바에는 중요한 국제기구들이 밀집해 있다. 제네바는 "프랑스로 향하는 종교개혁의 관문이 되어주는데 이보다 더 적합한 곳이 있을 수 없다"는 평가를 받은 도시로서, 유럽의 역사 속에서 중세를 벗어나 근대로의 이행에 결정적 기여를 한 종교개혁시기에 프랑스인 칼뱅이 새로운 사회를 건설하고자 개혁을 단행했던 도시이기도 하다. 칼뱅의 종교개혁은, 스위스 역사 속에서 제네바가 국제도시로서 명성을 얻게된 중요한 계기로 평가받고 있다. 칼뱅의 제네바 종교개혁 이래로 그의 개혁정신을 계승한 칼뱅주의자들(Calvinists)의 왕성한 활동덕택에 이 도시가 국제도시로서 급부상할 수 있게 되었다는 것이다. 이는 또한 세계교회협의회와 각 교단들의 세계협의회가 이곳에 자리잡게 된 이유이기도 하다.[3]

## 2. 글로벌한 변혁의 도시: 제네바

세계에서 가장 살기 좋은 도시 중 하나로 꼽히는 제네바는 레만 호수와 알프스를 비롯한 천혜의 자연환경을 자랑한다. 서울 인구가 천만에 육박한다면 제네바의 인구는 불과 약 20여만 명 정도이니 서울시의 한 구에 밀집한 인구의 3분의 1 혹은 절반 정도의 작은 도시인 것이다. 하지만 이곳에는 100여개가 넘는 국제기구가 자리 잡고 있으며, 그에 걸맞게 190여 개국 사람들이 모여 살고 있으니 진정 다문화 글로벌 도시이며 세계정치와 외교의 중심지인 것이다. 제네바에는 국제연합(UN) 제네바 본부와 국제노동기구(ILO), 국제 적십자위원회(ICRC), 세계보건기구(WHO)를 비롯해 수십여 개의 국제기구가 있으며 NGO 단체도 250여 개가 도시 전체에 퍼져 있다. 국제기구와 NGO 단체 수백 개가 이 도시에 모여있기에 명실상부하게 세계 정치와 외교활동과 금융이 가장 활발하게 이루어진 핵심 도시인 것이

▲ 제네바 레만호수와 제네바의 상징인 제트분수

다. 제네바에서 우리는 세계 각지에서 온 다양한 사람들을 만날 수 있으며, 그에 걸맞게 다양한 음식과 언어, 문화를 체험할 수 있다. 또한 프랑스어가 주요 언어라 하더라도, 다른 프랑스어권에 비해서는 영어의 사용이 매우 용이한 곳이기도 하다.

제네바는 또한 단순히 정치와 외교의 도시 뿐만 아니라 세계 기독교의 도시라고도 할 수 있다. 특히 세계 기독교와 개신교의 중심 센터라고 할 수 있는 세계교회협의회(WCC)가 제네바에 자리잡고 있다. 마치 가톨릭의 도시가 이탈리아 로마의 바티칸 시티라고 한다면 개신교의 도시는 세계교회협의회가 있는 제네바라고 하여도 틀린 말은 아니다. 세계교회협의회가 제네바에 안착하게 된 계기는 역사적으로 칼뱅의 종교개혁과 긴밀한 연관이 있다. 제네바 종교개혁 시기 교육을 중요시 여긴 종교개혁가 칼뱅이 설립한 아카데미가 현 제네바대학(Université de Genève )의 전신이기도 하다.

그렇다면 다양성을 포용해내는 제네바에 대해 살펴보기 전에, 이곳에 국제기구들이 안착하게 된 배경에 대해 알아보도록 하자. 이와 관련하여 국가 스위스의 중립성에 대해 먼저 살펴볼 것이다. 이후 역사를 거슬러 올라가 제네바가 국제적인 의미를 획득하게 된 계기였던 종교개혁시기의 제네바의 역할과 그 기여에 대해 알아보도록 한다. 마지막으로 현재 제네바의 글로벌 국제도시로서의 특징들을 짚어보고, 우리 한국인의 입장에서 앞으로 우리나라의 도시가 지향해야 할 점이 무엇일지에 대해 생각해봄으로써 마무리하고자 한다.

### 2.1. 중립국으로서의 스위스, 그 탄생 배경

일반적으로 스위스는 중립국으로 알려져 있다. 중립적 'neural'이라는 말은 라틴어인 'ne uter'에서 유래하는데, 양쪽 중 그 어느 편도 아니라는 뜻이다. 전시 상황에서 그 어느 누구의 편도 들지 않는다는 뜻이다. 스위스는 무장한 영세 중립국이다. 스위스인들은 중립국으로서의 지위를 자국의 선택으로 이해하고 있다.[4] 중립성이란 사실 스위스라는 나라가 발견한 독창적인 개념이 아니다. 역사적으로 구약성서에서 혹은 그리스 로마시대, 중세 그리고 초기 근대시기에도 중립성이란 개념을 발견할 수 있다. 이러한 중립성 개념이 현실화되는 것과 관련하여, 스위스인들은 스위스야말로 세계적으로 가장 오랫동안 중립성을 실천해왔고 중립성이 국제적으로 법제화되는데 기여했음에 매우 큰 자부심을 갖고 있다.

그렇다면 스위스가 중립국이 된 역사적인 배경은 무엇이었을까? 스위스 자국의 공식적인 역사이해 속에서 중립국 지위의 근거는 스위스 연맹군과 프랑스의 국왕, 프랑수아 1세(Francois I)의 군대가 격돌한 1515년 9월 마리냐노(Marignano) 전투까지 거슬러 올라간다. 이탈리아의 군사적 경계 지역에서 벌어진 이 전투에서 스위스 연맹은 프랑스와 대립하던 교황세력과 연합하여 프랑수아 1세와 베네치아 연합군을 공격하였으나 패배하고 만다. 스위스 연맹군은 패배하였으나 1516년 프랑수아 1세는 패전 측인 구

스위스 연방과 당시로서는 획기적인 평화협정을 맺는다. 현재의 스위스는 이 평화협정을 스위스가 대외정치에서 유보적 입장인 중립을 취하는 계약상의 근거로 기념하며 마리냐노 전투를 스위스 중립의 전환점으로 해석한다. 하지만 스위스가 중세시기가 아닌 근대적 의미의 중립국으로서의 지위를 갖게 된 계기는 1815년에 이루어진 빈 회의(Wiener Kongress)에서였다.

서양의 역사에 대해 잘 알지 못하더라도 프랑스 대혁명이 유럽 전체의 역사의 흐름 속에서 결정적인 대 전환점이었음은 잘 알려져 있다. 프랑스는 강력한 절대왕정 체제 하에서 유럽의 강대국으로 군림해왔다. 하지만 절대군주와 그를 둘러싼 귀족들의 부조리한 통치에 대해 프랑스의 민중들은 무력으로 저항하는 봉기를 시작하게 된다. 구체제를 무너뜨리고 새로운 자유주의 정부를 세우려고 했던 이 대혁명의 물결은 그러나 약 5년여 만에 나폴레옹의 쿠데타로 인해 종결되고 만다. 나폴레옹의 쿠데타 이전인 1793년, 프랑스에 이웃한 주요 유럽 국가들은 프랑스 대혁명을 위협적인 반동으로 간주하여 대혁명이 자신들의 나라로 파급되는 것을 저지하기 위해 동맹을 맺게 된다. 이것이 영국과 오스트리아, 프러시아, 스페인이 맺은 제 1차 동맹이다. 이후 소위 나폴레옹 전쟁이라고 하는 12년간의 전쟁이 이어져, 빈회의가 열리는 1815년까지 총 22년간 유럽은 전쟁의 소용돌이 속에 놓여 있었다.[5] 나폴레옹의 패배 이후, 프랑스 혁명에 반대했던 구체제 세력들은 그 대혁명 이후로부터 나폴레옹 전쟁에 이르기까지의 유럽의 혼란을 과거로의 복귀, 즉 왕정복고를 통해 종식시키기 위하여 오스트리아의 빈에 모인다. 강대국들은 지리적인 요충지이자 강력한 용병들을 파견하여 전쟁에 참여하던 스위스에 대해 각각 자신들의 이해관계에 상충하지 않는 합의를 이끌어낸다. 이 결정은 빈회의의 일환으로서 파리에서 이루어졌는데, 스위스는 이로써 항구적 중립과 그 영토가 침범당하지 않을 것을 확약 받는다.[6]

헤이그 협약은 오늘날 스위스의 중립정책에 있어 결정적인 계기였다. 1907년, 네덜란드 헤이그에서 열린 만국회의에서 스위스는 중립국의 의무와 권리에 대한 협약에 서명한다. 이후 세계 제 1차 대전에서 스위스 주변국들은 모두 전화에 휩싸였으나, 전쟁 참여국들은 자신의 적들이 스위스의 영토를 통해 우회적 공격을 시도하는 것을 원하지 않았기 때문에 스위스의 중립을 인정하고 그 국경을 침범하지 않았다. 1920년 스위스는 당시에 창설된 국제연맹(현 국제연합의 전신)에 가입하였고 이 때 제네바에 국제연맹 본부가 자리 잡게 되었다. 바로 이때부터 제네바가 국제기구들의 요람으로서 부상하기 시작했던 것이다. 그리고 우리는 이것이 스위스의 중립국으로서의 지위와 긴밀한 연관이 있음을 확인할 수 있다.[7]

스위스인들은 중립국의 위치를 역사적으로 성공사례로 인식하고 국가적 정체성으로 간주한다. 중립을 국제정치의 행동원칙으로 삼아 칸톤(Kanton)들의 연합인 동맹 체제를 확고히 할 수 있었으며 전쟁의 화마에 휩쓸리지 않고 나라를 지켜내는데 도움이 되었다고 생각하기 때문이다. 강대국에 둘러싸인 약소국으로서의 스위스가 중립국이라는 지위를 통해 자국의 평화를 지켜내는 동시에, 타국의 전쟁에 가담하지 않아 세계 평화에 기여하는 것으로 보는 긍정적 입장인 것이다. 하지만 중립성을 반드시 긍정적으로 바라보는 입장만 존재하는 것은 아니다. 오히려 중립을 자국의 이익만을 추구하는 위선으로 비판하는 입장 또한 존재한다.[8] 하지만 2002년 스위스가 유엔에 가입함으로써 정치적으로 진정한 중립의 위치에 다소 변동이 있게 되었다. 유엔의 결정에 따른 정치적 군사적 개입에 함께 하는 국가들의 일원이 되었기 때문이다.

어쨌든 이러한 중립국의 지위는 스위스를 매우 안전하고 평화로운 곳으로 유지할 수 있는 중요한 기반이며 도시 제네바가 국제기구들의 요람이 되는데 결정적인 기여를 한 셈이다. 더불어 중립국이라는 장점으로 인해 스위스 프랑의 환율은 안정적인 통화로 평가받고 있어 제네바는 세계 금융의 중심지로서도 자리매김하고 있다.

## 3. 종교개혁의 심장, 제네바

제네바 대학을 방문하게 되면 대학 정원에서 우리는 돌로 된 벽에 부조된 종교개혁자들 네 명을 마주하게 된다. 이 기념물은 칼뱅 탄생 400주년을 기념하여 1902년 오귀스트 상트르(Auguste Chante)라는 교회사 교수의 아이디어로부터 출발한 것이다. 1904년에는 기념물 조성을 위한 위원회가 결성되어 이 제안을 현실화할 수 있도록 하는데 박차를 가하게 되었다. 1907년에는 제네바 대학의 정원으로 기념물이 들어설 위치가 결정되었다. 기념물의 구체적 형태에 대해서는 국제적으로 경쟁을 하게 하였고 '개혁자들의 벽'이라

▲ 종교개혁가들의 벽(좌측으로부터, 기욤 파렐, 장 칼뱅, 테오도르 베자, 존 녹스)

는 형식이 채택되었다. 이 제네바의 기념비적인 벽이 완전히 완성되어 공개된 것은 이로부터 10년 뒤 세계 제1차 대전 기간 중인 1917년이었다. 1917년은 독일의 종교개혁 400주년의 해이기도 했다.[9]

### 3.1. 제네바 종교개혁과 칼뱅

제네바는 프랑스 출신 신학자 장 칼뱅(Jean Calvin, 1509-1564)의 신정국가 실험이 이루어진 도시로서 개혁교회(Reformed Church)의 산실이었다. 종교 개혁을 위한 포문을 연 독일의 마틴 루터보다 26년 늦게 태어난 칼뱅은 종교개혁의 물결을 이어나가 또 다른 방향으로 발전시킨 공헌을 한 "종교개혁 2세대"였다.[10] 교황청과 신성로마제국의 영향 하에서 독일과 스위스는 모두 작은 도시국가들로 이루어져 있었다. 반면 프랑스는 단일한 왕정국가를 이루고 있었으며 왕권은 로마 가톨릭을 지지하고 있었다. 프랑스에도 종교개혁 세력이 존재했으나 이들은 늘 소수였으며 왕권과 로마 가톨릭 세력의 전방위적 탄압 하에서 신음하고 있었다. 루터의 경우 교황권의 지배로부터 벗어나려는 제후들의 도움을 받을 수 있었지만, 칼뱅의 경우는 그러한 보호를 받을 수 없었던 것이다. 여기에서 우리는 칼뱅과 칼뱅주의자들이 이러한 척박한 조건 하에서 그들의 저항정신을 더욱 강화할 수밖에 없었으며 더욱 급진적으로 그들의 개혁을 전개할 수밖에 없었던 계기를 발견한다.

칼뱅이 스위스로 가게 된 계기도 프랑스에서의 프로테스탄트- 즉 개신교도들에 대한 탄압을 피하기 위해서였다. 목숨을 부지하기 위해 많은 개신교도들은 스위스로 피신하게 되는데, 이들의 처지는 오늘날의 난민

▲ 성 베드로교회 부속 종교개혁 박물관 내에 전시된 칼뱅 조각상

과 같은 것이었다. 하지만 당시에는 지금과 같은 국민국가 체제가 아니었기에 국경을 넘어가 타지에 정착하는 것이 현재와 비교한다면 그렇게 어렵던 시절은 아니었다. 1535년 칼뱅은 스위스의 바젤(Basel)에 숨어 지내며 학문에 정진하여 마침내 그의 역작『기독교 강요』(Institutio christianae religionis)을 출간한다. 그는『기독교 강요』를 저술하게 된 계기에 대해, 자신의 친구들이 신앙으로 인해 처참하게 처형당하여 더 이상 신앙을 증언할 수 없게 되었기에 이들을 위하여 글을 썼노라고 고백한다.[11] 이후로도 칼뱅은『기독교 강요』를 여러 차례 수정하고 확대하여 마침내 1559년에 완성한다.

칼뱅이 기독교 강요를 쓴 바젤은 프랑스보다는 독일에 접경한 지역이다. 그렇다면 칼뱅은 지리적으로 비교적 안전한 바젤에서 왜 프랑스에 바로 접경해있는 제네바로 가게 되었을까? 칼뱅은 프랑스에서 프로테스탄트들이 자신의 신앙을 포기하고 로마 가톨릭으로 회귀한다면 형벌을 면하게 해준다는 6개월의 유예기간 동안 파리를 방문한다. 이후 다시 바젤로 돌아갔지만 누이와 동생이 스트라스부르(Strasbourg)로 가 있었기에 제네바를 거쳐 그 곳으로 향하고자 한다. 그런데 1536년 칼뱅은 제네바의 한 여관에서 기욤 파렐(Guillaume Farel, 1489-1565)을 만나게 된다. 이 유명한 만남에 대해 칼뱅 자신은 다음과 같이 전하고 있다. "그 때 내가 이제 조용히 은거하고자 했던 스트라스부르로 가는 지름길이 전쟁으로 말미암아 폐쇄되었기 때문에 나는 이 제네바에서 하룻밤 이상은 머물지 않고 조용이 지나가려고 했었습니다. 이 일이 있기 바로 얼마 전에 내가 정직한 사람이라고 이전에 언급했던 파렐과 피에르 비레의 노력으로 제네바에서는 교황의 추종자들이 축출되었습니다. 그러나 모든 것이 아직 안정된 상태는 아니었으며 도시의 주민들 사이에는 분쟁과 위험스러운 분열의 위기가 있었습니다. 그 때에 한 사람이 나를 발견하고 다른 사람들에게 알려주었던 것입니다. 따라서 파렐은(그는 복음을 장려하려는 놀라운 열정에 사로잡혀 있었기 때문에) 나를 머물게 하려고 갖은 애를 썼습니다."[12]

칼뱅은 개혁을 위한 신학적 근거를 마련하고 개진하기 위해 학문에 전념하고자 했다. 그러나 파렐은 칼뱅이 그의 종교개혁 프로그램을 제네바라는 도시에서 실천적으로 전개하는 행동가가 되기를 설득하고 종용한 것이다. 파렐 또한 칼뱅처럼 프랑스에서는 더 이상 종교개혁의 뜻을 펼칠 수 없는 위기에 봉착하여 프랑스의 북동부의 개신교 지역인 스트라스부르를 거쳐 스위스로 피신하여 취리히, 바젤, 베른에서 활동하던 프랑스인 신학자였다. 또한 그는 제네바에서의 종교개혁을 이끄는 선두주자 중 하나였다.

당시 제네바는 주교도시(Bischofsstadt)이자 무역도시이기도 했다. 하지만 신성로마제국에 속한 로마 가톨릭 소도시의 위계질서는 종교개혁운동으로 인해 와해되고 새로운 질서를 통해 새로운 도시를 건설하는데 박차를 가한다. 시위원회에서는 소수이나마 작은 개혁세력이 지역정부를 통제하는데 성공하고 사보이 공작의 대리인들인 주교를 비롯하여 300명의 성직자들과 수도사들, 주교가 이끄는 정부 일원을 추방하는데 성공한다.

이 개혁이 이루어지는데 힘이 되는 동인을 제공한 사람들은 파렐을 비롯하여 박해를 피해 제네바로 피신한 프랑스의 프로테스탄트들이었다. 또한 여기에는 교황세력으로부터 정치적으로 완전히 독립하고자 하는 열망, 그리고 이미 개혁이 진행된 스위스의 독일어를 사용하는 지역과 상업관계를 회복하여 발전시키고자 하는 바람이 개혁이 단행될 수 있는 주요 동인이었다. 이로써 제네바에서 정치적-사회적 혁명으로서의 종교개혁이 시작된 것이며 이는 독일의 도시들에서 이루어진 종교개혁보다 국제적인 양상을 띠고 있었다.[13] 여기에서 우리가 알 수 있는 것은 이 시기 유럽에서 일어난 종교개혁(Reformation)은 우리가 현재 생각하는 문자적 의미에서 단순하게 종교적 측면만 개혁된 것이 아니라 정치, 경제, 사회적으로 진행된 총체적인 개혁운동이었다는 점이다.

파렐의 요청으로 칼뱅 자신이 생각지 못했던 제네바에서 활동하게 되었을 당시에는 이미 로마 가톨릭적인 제의와 법들이 제네바에서 폐지되었던 때이다. 1535년에 미사는 폐지되었으며 1536년 5월 21일에는 종교개혁이 완전히 수용된다. 문제는 제도적으로는 개혁이 단행되었다 하더라도 여전히 종교적으로나 정신적으로 그 개혁의 내용들이 아직 채워지지 못한 상태였다는 것이다. 파렐은 칼뱅이 이러한 제네바의 문제점을 해결해줄 수 있는 종교적, 정신적 지도자가 되리라 기대했다. 1536년 9월 5일 칼뱅은 강연자이자 성 베드로 교회의 설교가로서 제네바의 단 위에 오르게 된다. 또한 그는 파렐의 개혁교회의 조직 구성에 조력하면서 교회공동체를 위한 훈육과 법체계를 만들어 시의회에 제안한다. 그러나 칼뱅은 이 제안에 반대하는 세력들로 인해 1538년 4월 23일 제네바로부터 추방당하게 된다.[14] 제네바시에서 종교개혁을 선포하고 개혁정책을 단행했으나 종교개혁의 정신적인 근거와 그 근거를 기반으로 한 구체적인 그 방안들이 아직은 제대로 마련되지 못한 상태였으며 다수의 합의가 이루어지지 않은 혼란스러운 상황이었기 때문이었다.

여기에는 또한 스위스의 자치정부들의 권력관계가 개입되어 있었다. 독일어권인 베른(Bern)은 제네바보다 이른 시기인 1528년에 종교개혁을 받아들인 곳이었다. 스위스의 현재 수도이기도 한 베른은 당시 스위스 연방에서 정치적으로 가장 강력한 도시였다. 1536년에는 베른이 제네바와 로잔이 위치한 칸톤인 바아트(Waadt)를 접수하였기 때문에 제네바는 베른정부의 영향력 하에 있었다. 파렐 또한 베른정부의 지지 하에 제네바를 개혁하는데 박차를 가할 수 있었다. 그러나 구체적 법안 마련에 있어 베른정부의 지시를 따르려하는 시의회와 파렐과 함께하는 칼뱅 간에 의견충돌이 있게 된다. 이는 국가와 종교 간의 갈등으로 볼 수 있으며 국가의 강력한 개입에 대해 경계하는 개혁교회의 특징적인 면으로 볼 수 있다. 루터가 교황에 반대하는 제후세력들의 지지를 얻어 국가와의 관계에 대해 호의적이었다면, 프랑스에서 국가의 탄압을 겪은 칼뱅은 그렇지 않았다.

그는 신자들을 향한 교회의 훈육을 강조하였으며 모든 이의 성만찬 참여보다는 개신교의 신앙을 고백하는 이들의 성만찬 참여를 독려하려 했다. 그러나 시의회는 교회가 국가보다 앞서 결절정하는 것을 원하지 않았기에 파렐과 칼뱅을 비롯한 교회의 설교자들에게 국가에 대한 절대적인 복종을 요구한다. 명령에 복종하지 않은 설교가들에게 설교금지 조치를 내리자 칼뱅과 그의 동료들은 설교를 강행하였고, 결국 이들은 추방당하고 만다.

### 3.2. 칼뱅의 제네바로의 복귀와 종교개혁의 내용

칼뱅이 제네바를 떠난 이후 바로 다음 해인 1539년 이래로 벌어진 일련의 정치적, 종교적 혼돈상황은 그가 다시 제네바로 돌아오도록 하는 계기를 마련해준다. 제네바가 정치적으로 베른에 종속되는 것을 찬성하는 측에 대한 시민들의 반발이 시작되고 이에 파렐의 추종자들이 대의회에서 제네바를 베른에 종속시키려는 조항에 반대하여 승인을 막아내게 된다. 이들은 시민들의 지지를 받아 의회에 선출되게 되고 전쟁으로 위협하는 베른에 항거한다. 하지만 이러한 정치적 소용돌이 속에서 프랑스 남동부에 위치한 카르팡트라(Carpentras)에서 활동하던 추기경 야코보 사돌레토(Jacopo Sadoleto, 1477-1547)는 개신교의 잘못을 비판하며 다시 로마 가톨릭으로 되돌아올 것을 권고하는 서신을 제네바 시민들 앞으로 보낸다. 정치적으로는 개신교가 권력을 잡고 있다 하더라도 아직은 혼돈기인 이 때 시민들이 종교적으로 다시 로마 가톨릭으로 회귀할 가능성에 대해 위기감을 느낀 베른정부는 사돌레토에 대해 답신할 임무를 칼뱅이 맡아줄 것을 요청한다. 제네바는 외부적으로 개신교화 되었으나, 내부적으로 그 정신적, 종교적 토대가 매우 빈약하고 위태로웠던 것이다. 이러한 상황을 우리는 칼뱅이 임종 직전 동료들에게 남긴 말 중

▲ 성 베드로교회

한 부분을 통해 짐작할 수 있다. "내가 처음으로 이 교회에 왔을 때에는 거의 아무 것도 없었습니다. 설교는 선포되고 있었지만 그것이 전부였습니다. 우상을 찾아 불태우고 있었지만 그것은 그 어떤 형태의 종교개혁과도 아무런 관련이 없는 것이었습니다."[15]

▲ 성 베드로교회의 탑에서 바라본 제네바시

사돌레토를 향한 칼뱅의 답신이 제네바를 비롯한 유럽의 종교개혁 운동에 끼친 영향력은 어마어마했다. 칼뱅 서신의 필사본이 제네바에서 회람되었으며 본래 라틴어 서신이었던 것이 프랑스어로 번역되어 읽히기 까지 하였다. 제네바 시에서는 칼뱅 서신의 원본과 번역본을 인쇄하여 배포하였으며 루터 또한 칼뱅의 서신을 읽고 극찬을 아끼지 않았다. 정중하고 유려하며 자세한 장문의 답신은 제네바가 개신교 도시로 남는데 결정적 역할을 했으며 종교개혁시기 저술 중 기념비적인 역작으로 평가받고 있다.[16]

이러한 공헌을 통해 다시 제네바로 초청 받게 된 칼뱅은 자신의 생 마지막까지(1541년부터 1564년까지) 제네바에서 헌신하게 된다. 제네바에서 활동하게 된 칼뱅은 지리적 요지인 제네바에서 프랑스에 이르기까지 종교개혁의 영향력이 확산될 수 있을 것이라는 기대감 또한 갖고 있었던 것 같다. 제네바에서 쫓겨나 스트라스부르에서 머물던 시절의 경험과 더불어 마틴 부서(Martin Bucer)가 만든 규범을 모델로 삼아 1541년에는 교회법을 제정하였다.[17] 이듬해인 1542년에는 간결한 예배법을 제정하여 교회

건물에서 이루어지는 집회와 전반적인 기독교적 삶을 통합하였고, 시민들의 교육을 위한 요리문답이 출판된다.[18] 이후로도 요리문답은 지속적으로 번역, 출판되었고 오늘날에는 제네바와 프랑스 그리고 세계 곳곳의 개혁교회에 다니는 어린이들을 위한 교과서로 쓰이고 있다.[19] 칼뱅의 신학적이며 교회법적인 개혁을 통해 교회를 통합하여 제네바 시민들이 신앙의 정체성을 확립하는 것과 교회 밖에서의 사회적 규율을 연결시킴으로써 제네바를 기독교적 도시로 일구어 나아갔다.[20]

학자이자 교육가로서 늘 교육을 강조해오던 칼뱅의 바람이 결실을 맺어 1559년에는 제네바 아카데미 및 청소년들의 교육을 위한 고등학교(Collège)가 설립된다. 제네바 아카데미는 현재 제네바 대학의 전신이다. 제네바 아카데미는 유럽 전역에서 개신교 개혁사상을 공부하고자 하는 학생들이 모여 학문의 중심지가 되었다. 칼뱅이 제네바 대학의 설립자라고 해서 단순히 신학만이 대학에서 중심이었다고 생각해서는 안 된다. 칼뱅은 고전어에 능통한 인문주의자였다. 제네바 대학은 기독교 인문주의라는 정신적 토대 위에서 유능한 신학자뿐만 아니라 문헌학자들, 법학자들을 배출하였다. 앞서 언급했던 제네바 대학의 '개혁자들의 벽'에서 첫번째 인물이 파렐, 두 번째 인물이 칼뱅이라면 세 번째 인물이 바로 테오도르 베자(Théodore de Bèze, 1519–1605)이다. 프랑스 출신인 베자는 칼뱅과 같이 법학을 공부한 인문주의자로서 프랑스 정부의 개신교도 박해를 피해 스위스로 건너온 인물이다. 고전어에 탁월한 재능을 가지고 있어 로잔 아카데미에서 고전 그리스어 교수로 활동했으며 제네바에서는 제네바 아카데미의 초대 총장을 역임한다. 베자로 인해 아카데미에는 의학부와 법학부, 언어학부가 마련되어 온전한 대학으로서의 틀이 완성된다.[21] 칼뱅의 사후 그는 칼뱅의 신학 정신을 이어받아 제네바의 정신적 신앙적 지도자이자 교육가로서 지대한 영향을 끼친다.

마지막으로 종교개혁가들의 벽에서 베자 다음의 자리에 위치한 존 녹스(John Knox, 1514-1572)에 대해서 언급하고자 한다. 스코틀랜드 출신인 녹스는 본래 가톨릭 신부였으나 종교개혁운동에 동참하게 되고 가톨릭교도들로부터 탄압을 받는다. 가톨릭교도인 메리 여왕이 즉위한 후 1554년 그는 신앙의 자유를 위해 제네바로 피신하여 칼뱅과 교류하게 되었고 칼뱅을 열렬히 지지하는 추종자가 되었다. 녹스는 영국출신의 개신교도들이 모인 이민자 교회의 목사로서 활동한다. 이후 그는 스코틀랜드로 돌아가 장로교를 세우고 국교가 될 수 있는 초석을 놓음으로써, 칼뱅이 제안했으나 제네바에서는 실현되지 못한 장로교제도를 현실화한다.

### 3.3. 칼뱅 사후 제네바의 위기와 발전

이와 같이 제네바는 칼뱅의 활약으로 인해 비텐베르크와 취리히 다음으로 종교개혁의 세 번째 중심지로 부상하게 되었다. 또한 칼뱅과 파렐, 베자와 녹스의 경우처럼 제네바는 유럽의 개신교 도시들 중에서 고국으로부터 배척받은 난민들이 잠시 경유하거나 머물던 곳이었다. 종교적 박해를 피해 망명한 이들을 포용함으로써, 제네바는 1550년에서 1560년 사이에 인구가 두 배로 증가한 국제 도시로 발돋움하게 되었다. 유럽 전역에서 찾아온 난민들이 잠시 머물다가 다시 떠나는 경유지로서의 제네바이긴 했지만, 귀환하지 않고 남은 이들이 정착하여 인구는 점점 증가하였고 제네바의 경제는 이들이 정착하는데 기울인 노력에 힘입어 인쇄술과

방직업 등의 수공업 기술이 급속도로 발전한다.

그러나 칼뱅의 사후 제네바가 계속 승승장구한 것은 아니었다. 위기가 찾아왔으니 정치적 혼란과 치명적인 전염병의 도래였다. 제네바가 종교개혁을 단행할 수 있도록 정치적 뒷받침을 해 주던 베른의 군사력이 점점 약해진 틈을 타, 가톨릭 세력인 사보이 공작이 제네바를 다시 접수하기 위해 공격한다. 다시 1589년부터 1593년까지 전쟁이 일어났으며 사보이 공작은 1602년 어두운 밤을 틈타 도시를 습격한다. 제네바를 점령하여 재가톨릭화 하고, 그 곳을 거점으로 삼아 전진하여 개신교세력들을 격파하고자하는 마지막 군사적 시도를 제네바 시민들은 성공적으로 막아낸다. 하지만 이 기간 동안 페스트가 여러 번 유행하여 큰 타격을 입기도 했다. 제네바 아카데미는 정치적 위기와 페스트의 유행으로 학생 수가 급격히 줄어들고 베자를 제외하고는 모든 교수들이 그 곳을 떠나가는 어려움을 맞이하기도 한다. 하지만 이런 어려운 상황에 제네바가 홀로 외롭게 분투한 것은 아니었다. 제네바시와 친교를 맺은 독일과 네덜란드, 영국의 개신교 정부가 제네바시와 교회의 개혁을 위하여 아낌없는 재정적 후원을 한 덕택에 제네바는 여러 위기 상황들을 잘 극복할 수 있었던 것이다.[22]

16세기 후반, 제네바에는 당시로서는 첨단 기술인 인쇄소가 20여개가 넘어 성서주석이나 신학서적, 성서가 활발히 인쇄되었다. 제네바는 개신교 개혁사상을 인쇄기술을 통해 전 유럽에 확산하는데 매우 기여한 것이다. 과거의 작은 도시 제네바가 아닌, 유럽에서 가장 진보적이며 개혁적인 국제도시로서의 제네바로서 급부상하게 된 것이다.[23]

## 3.4. 초교파 운동인 에큐메니컬 운동의 중심지

우리는 지금까지 스위스의 소도시에 불과했던 제네바가, 유럽에서 일어난 종교개혁이라는 거대한 움직임 속에서 국제적인 개혁도시로 발돋움하게 된 역사를 살펴보았다. 현재 여러 국제기구 외에 개신교 개혁교회의 유산이 제네바에 자리잡고 있다. 제네바는 가장 진보적인 에큐메니컬 정신을 실천하는 세계교회협의회(World Council of Churches)가 자리한 곳이 되었다. 그렇다면 에큐메니컬 정신이란 무엇이며 세계교회협의회는 어떻게 탄생하게 되었을까?

19세기에서 20세기로 들어가는 시점에서 다양한 고백의 유산을 지닌 기독교교회들이 교파간의 차이로 인해 담을 쌓고 지내기 보다는 세계에 산적한 문제들을 실천적으로 함께 해결해나가고자 하는 분위기가 형성된다. 20세기 초, 1937년에 스코틀랜드의 수도인 에딘버러에서 세계교회협의회의 창립이 구체적으로 모색된다. 특히 1948년 네덜란드의 암스테르담에서 진행된 에큐메니컬 운동 총회를 기반으로 세계교회협의회는 새로운 역사를 열었다. 에큐메니컬은 (ecumenical)은 고전 그리스어 'oikos'(집)에서 비롯된 형용사 'oikoumene'에서 유래하는데, 그 뜻은 "함께 이 땅에 머문다", "우주", "세계"이다. 고대 그리스의 어원적 의미를 깊이 살펴보면, 사회를 형성하는 종교와 철학, 정치적 행정의 상호 작용을 뜻하기도 한다. 성경적 근거로서는 누가복음 2장 1절에서 로마황제 카이사르가 인구조사를 하는 부분에서 '천하', 영어로는 'all the world'라는 용어가 등장하는데 거기에서 언급되는 그리스어가 바로 'oikoumene'이다.[24] 에큐메니컬 운동은 함께 이 땅에 머무는 기독교의 다양한 고백들이 정의롭고 평화로운 세계를 함께 일구어나가기 위해 마음과 뜻을 모아 나아가는 일치를 지향하는 것이다.

즉 세계교회협의회는 개신교, 정교회, 성공회 등 세계 교회의 일치와 협력을 위하여 이루어진 조직으로서, 약 5억 6천만 명의 기독교를 대표하는 조직이다. 회원국은 100여개 국가 이상 이며 또한 전 세계 350여 개의 회원 교회로 구성되어 있다.[25] 세계교회협의회의 목적은 세계의 개신교회와 여러 종교가 가시적인 일치와 협력을 도모하고 또한 글로벌한 세계에 산재한 여러 종교, 사회, 정치, 경제, 인종, 환경의 갈등과 어려움을 극복하려는 것에 많은 노력을 기울인다. 특히 세계교회협의회는 오늘날 글로벌 문제에 대한 해법 모색을 각국의 교회 및 기독교단체와의 긴밀한 협력을 통해 진행하고 있다.

제네바에 위치한 세계교회협의회 건물에는 또한 루터교 세계 연맹이 자리 잡고 있다. 개신교의 여러 전통 가운데 유럽을 중심으로 주요하게 계승되는 교회는 루터교와 개혁교이다. 루터교 세계 연맹(The Lutheran World Federation)은 전 세계의 루터교회의 교회적 허브를 담당하는 기관이기도 하다. 그러므로 세계교회협의회와 루터교 세계 연맹이 함께 자리 잡은 이곳은 명실상부하게 세계 개신교의 중요한 정책과, 행사, 그리고 다양한 교류가 이루어지는 개신교 교회의 심장이라고 말할 수 있다.

특히 세계교회협의회 부속 에큐메니컬 연구소(Ecumenical Institute)는 제네바 중심가에서 약 15킬로미터 떨어져 있는데, 스위스 레만 호수와 알프스가 보이는 지점인 보세이 성에 자리 잡고 있다. 이 연구소는 1946년부터 전 세계의 개신교와 가톨릭, 그리고 타종교 지도자들

▲ 세계교회협의회 마크

이 함께 하는 학문, 대화, 토론, 교육 프로그램이 활발하게 이루어지는 국제적인 교류의 장이 되고 있다. 세계에큐메니컬 리더를 양성하는 제네바 대학 산하 보세이(Bossey) 센터는 오늘날에도 전 세계 연구자들과 종교인들이 모여 인류의 미래에 대한 종교적 성찰을 진행 하고 있는 중요한 공간이다. 세계교회협의회는 특히 창립 70주년을 기념하여 다양한 행사를 제네바 본부에서 진행해 왔다. 예를 들어 2018년 6월 21일 세계교회협의회 70주년을 축하하기 위해 로마 가톨릭의 프란치스코 교황이 제네바의 세계교회협의회를 방문하여 매우 의미 있는 행사를 치루기도 하였다.[26]

▲ 에큐메니컬 연구소가 위치한 보세이 센터 본관 모습

세계교회협의회는 한국의 평화적 통일을 위해서도 비정치적인 측면으로서 많은 노력을 하고 있다. 최근 세계교회협의회 대표단은 북한의 조선그리스도인 연맹의 초청으로 평양을 방문하기도 했다.[27] 독일 통일에 있어 서독 교회들의 동독 교회를 향한 지원과 적극적 교류가 통일이 완성되기 위한 교두보였던 것을 기억한다면, 세계교회협의회가 한국의 통일을 위해 노력하는 행보에 관심을 가질 필요가 있으며 평화적인 통일을 위해 함께 협력하며 나아가야 할 것이다.

## 4. 나가며

남북 분단의 현실과 강대국들 사이의 긴장의 중심에 서 있는 대한민국에 있어 스위스와 제네바는 여러 의미를 던져준다. 한반도에서 평화를 모색하는 것은 단순히 동아시아 한 나라의 사건이 아니다. 오히려 그간의 세계사적 냉전과 민족적 갈등이 점철된 그 지점을 평화 체제로 전환하는 것은 세계사적으로 새로운 평화의 시대를 열어 나아가는 교두보가 될 것이다. 중립국 스위스의 독특한 국제정치적 역학, 세계의 다양한 국제 기구과 비정부기관이 제네바에서 새로운 인류의 미래를 모색하는 활기차고 열정이 가득한 도시 제네바는 우리에게 미래를 향한 새로운 상상력을 제공한다. 영세 무장 중립국이라는 스위스의 위치를 볼 때, 대한민국은 앞으로도 내적으로나 외적으로나 끊임없이 자기 역량을 축적하여 내실 있는 전진을 해 나가야 할 사명이 있다.

제네바는 개신교 종교개혁의 소중한 유산과 전통이 축적된 곳이다. 지난 500여 년간의 개신교전통은 서구문명과 삶의 방식을 고유하게 이끌어왔다. 이러한 점에서 제네바는 기독교 문명을 가장 가깝게 이해할 수 있는 중요한 도시이기도 하다. 특히 2017년은 종교개혁 500주년을 맞이한 해이기도 하였다. 민족과 국가와 종교의 다양한 얼굴들이 다양하게, 그리고 하나의 하모니를 이루어 숨 쉬는 도시 제네바의 매력은 앞으로도 여전히 지속될 것이다.

1 SDSN의 홈페이지에 공개되어 있다: http://www.sdgindex.org/reports/2018/

2 장철균, "스위스 중립의 성격과 한반도 중립논의" 「정책포럼」 (2011/33), 1-13.

3 요아킴 스태트케 저, 정미현 역, 『장로교의 뿌리 칼뱅』 (서울: 만우와 장공, 2009), 51.

4 스위스 국방부에서 만든 브로셔를 참조. *Die Neutralität der Schweiz*, Eine Informationsbroschüre des Eidg. Departementes für Verteidigung, Bevölkerungsschutz und Sport VBS; in Zusammenarbeit mit dem Eidg. Departement für auswärtige Angelegenheiten EDA. 스위스 국방부에서 브로셔 PDF를 다음의 주소에서 무료로 다운로드 받을 수 있다: https://www.eda.admin.ch/dam/eda/de/documents/aussenpolitik/voelkerrecht/Die%20Neutralitaet%20der%20Schweiz.pdf

5 Frank Sievers, Thierry Lentz (trans.), *1815: Der Wiener Kongress und die Neugründing Europas* (München: Siedler Verlag, 2014).

6 *Die Neutralität der Schweiz*, 5.

7 Ibid., 5-6.

8 인터넷 주소 쓰기.

9 세계개혁교회연맹, 존 녹스센터 저, 이재천 편, 『칼뱅의 신앙유산과 오늘의 개혁교회』 (서울: 한국 기독교 장로회 출판사, 2009), 70-71.

10 올리비에 크리스텡, 채계병 역, 『종교개혁: 루터와 칼뱅, 프로테스탄트의 탄생』 (서울: 시공사, 2010), 66.

11 『장로교의 뿌리 칼뱅』, 40-41.

12 『칼뱅의 신앙유산과 오늘의 개혁교회』, 96.

13 Robert M. Kingdon, "Genf", *Theologische Realenzyklopädie* Bd.XII (Berlin: Walter de Gruyter,1984), 368.

14 *Ibid.*, 368.

15 미셸 그랑장, "제네바", 미하엘 벨커 외 저, 김재진 외 역, 『종교개혁, 유럽의 역사를 바꾸다』 (서울: 대한기독교서회, 2017).

16 Johannes Calvin; Eberhard Busch (ed.), *Calvin: Reformatorische Anfänge 1533-1541*, Bd. 1. (Neukirchen-Vluyn: Neukirchener Verlag, 1994), 337-339.

17 마틴 부서는 독일에 인접한 프랑스 도시인 스트라스부르에서 활동한 종교개혁가이다. 인문주의자 에라스무스의 영향을 깊이 받았으며 루터와도 교분이 있었다. 칼뱅은 부서와의 교류를 통해 제네바 종교개혁의 구체적 실천방안에 관련한 영감을 얻을 수 있었다.

18 Wolf-Dieter Hauschild, *Lehrbuch der Kirchen- und Dogmengeschichte: Reformation und Neuzeit Bd.2* (Gütersloh: Gütersloher Verlagshaus, 2010), 199-200.

19 벨커 외, 195-196.

20 Hauschild, 198.

21 스태트케, 111.

22 Kingdon, 373.

23 그랑장, 199-201.

24 세계교회협의회 공식사이트에서 인용: https://www.oikoumene.org/en/resources/logo

25 회원교단 목록은 다음을 참조하라:https://www.oikoumene.org/en/member-churches

26 https://www.oikoumene.org/en/papal-visit

27 2018년 4월 27일 판문점에서 남과 북의 정상 회담이 있은 뒤 5월 8일 조선그리스도교 연맹은 세계교회협의회 지도자들을 평양으로 초청했다. "조선그리스도교연맹의 초청으로 5월 3~7일WCC와 WCRC의 대표들로 구성된 6인의 국제에큐메니칼대표단이 WCC 총무인 올라브 픽세 트베이트(Olav Fykse Tveit) 박사와 WCRC 총무인 크리스 퍼거슨(Chris Ferguson) 목사의 인도하에 5월 3~7일 북한의 평양을 방문했다.": https://www.oikoumene.org/ko/ecumenical-delegation-visits-north-korea

# 독일의 종교개혁 도시들

## – 종교개혁도시 바르트부르크 성(城)의 인문학적 의미

박종소

# 독일의 종교개혁 도시들
## – 종교개혁도시 바르트부르크 성(城)의 인문학적 의미

### 1. 들어가는 말

종교개혁(1517)이 일어난 후에 루터(Martin Luther, 1483–1546)는 여러 차례 종교개혁의 정당성을 공적(公的)으로 밝혔어야만 했다. 그 대표적인 예 중의 하나가 신성로마제국황제인 칼(Karl) 5세 앞에서 종교개혁에 대한 자신의 입장을 피력했어야 했던 때다. 1521년 4월 17일과 18일 이틀에 걸쳐 보름스(Worms) 대성당에서 루터에 대한 두 차례의 신문이 열렸는데, 여기서 루터는 교황청으로부터 그에게 내려진 파문의 부당함에 대하여 그리고 종교개혁의 당위성에 대하여 역설하면서 그에 대한 신문을 의연하게 마치고 있다: "내 양심은 하나님의 말씀에 사로잡혀 있습니다. 나는 아무것도 취소할 수 없고 또 취소하지도 않을 것입니다. (...) 여기 지금 서있는 나에게 다른 선택의 여지는 없습니다. 하나님이여 저를 도우소서. 아멘!"[1]

황제의 면전에서도 자신의 종교적 신념을 굽히지 않고 4월 26일 보름스를 떠나는 루터의 모습은 당시 성직자들의 갖가지 비신앙적 적폐에 실

---

* 이 글은 『인문학연구』 46(2017)에 게재된 필자의 논문을 본서의 취지에 맞도록 수정–보완한 것입니다.

망과 분노를 품고 있었던 유럽인들에게 헤라클레스의 그것으로 필적될만 한 영웅적 모습 그 자체였다고 한다.[2] 종교개혁을 관철시키고 자리 잡게 하기위한 루터의 끝없는 싸움은 이후로도 계속되었으며, 1524년 에라스무스(Erasmus von Rotterdam, 1464-1536)와의 '인간의 자유의지' 논쟁으로 다시 한 번 절정으로 치닫는다.

루터의 종교개혁은 루터가 죽은 지 9년이 지나서야 비로소, 즉 1555년 아우구스부르크 종교화의를 통하여 가톨릭으로부터 신교(新教)로 공식 인정을 받게 된다. 물론 개신교의 입장에서는 모든 개인의 신앙의 자유가 적시되는 베스트팔렌조약(1648)까지 더 시간이 필요했지만, 어쨌든 루터의 종교개혁은 천년 이상을 지속해오던 기독교를 구교와 신교로 양분하는 분기점이 되었고, 또한 유럽 역사를 중세와 근대로 나누는 결정적 사건이 되었다. 이 사건으로 인해 유럽 인구의 절반가량이 가톨릭에서 개신교로 돌아섰다.

유럽 중세 시작의 수치적 시점인 서기 313년, 그러니까 로마의 콘스탄틴 대제에 의해 그동안 박해받아오던 기독교가 공인된 그 해부터, 이태리 반도로부터 독일과 북해 그리고 지금은 폴란드 땅이 된 동프로이센을 거쳐서 광활한 러시아 지역 끝까지 기독교가 펴져 나가기에는 그야말로 장구한 시간이 걸렸지만, 아무튼 유럽은 313년부터 중세 천년을 지나 1517년까지 종교적으로 기독교라고 하는 일원적 세계관 속에서 살았다.[3] 1517년 루터의 종교개혁은 당시 유럽인들의 패러다임을 뒤흔들고 새로운 신앙적 인식과 그로 인한 사상과 삶의 새로운 지평을 여는 코페르니쿠스적 전환 그 자체였다. 루터의 종교개혁은 말이 '개혁'이지, '혁명'과 다름없었다.

2017년 올해로 종교개혁은 500주년이 되었다. 이로 인하여 종교개혁과 루터가 세계의 주목을 받고 있다. 루터와 종교개혁을 가시적으로 가장 잘 확인할 수 있는 독일의 종교개혁도시들이 올해 독일을 방문하는 관광객들의 특별한 관심의 대상이 되고 있는 것도 이 때문이다. 격년으로 개최되는 독일 개신교의 최대 이벤트인 '교회의 날(Kirchentag)' 행사(제36차: 2017년 5월 25일-28일)가 베를린과 루터가 95개조 반박문을 내걸면서 종교개혁의 시작을 알린 비텐베르크(Wittenberg)에서 공동으로 개최된 것도 이런 일반의 관심을 반영한 것이고, 또한 실제로도 참가 인원이 예년에 비해 수 만 명 증가했다고 한다.

본 논문도 종교개혁 500주년에 대한 관심에서 구상되었다. 본고에서는 독일의 대표적인 종교개혁도시들 몇 곳을 선별하여 아주 간략하게 소개한 후에, 루터의 종교개혁이 가지는 인문학적 의미를 독일의 종교개혁도시 중의 한 곳인 바르트부르크 성을 예로 들면서 살펴보고자 한다.

## 2. 독일의 종교개혁 도시들

먼저 언급해야할 것은, '종교개혁도시(Reformationsstadt)'라는 명칭은 필자에 의해 고안된 것이 아니라, 유럽에서 일반적으로 통용되는 용어라는 점이다. 유럽에서 '종교개혁도시'라는 명칭을 지니는 도시들은 독일, 스위스, 오스트리아, 프랑스, 이태리, 체코 등 유럽 총 15개국에서 모두 81개 도시(내지는 장소)에 달한다. 이 81개 종교개혁도시들 중에서 독일에 39개가 분포되어 있다.[4] 본 논문에서는 이 중 루터와 보다 관련이 있는 대표적인 몇 곳을 소개할 것인데, 이 내용의 출처는 인터넷 독일판 사이트 “germany.travel: Martin Luther 2017: 500 Jahre Reformation. Eine Spurensuche, Wirkungsstaette”이다. 여기서 소개되고 있는 독일의 종교개혁도시들 중에서 몇 곳을 아래와 같이 간략하게 요약해보았다.

### ● 루터의 도시 아이슬레벤(Lutherstadt Eisleben)

루터는 태어난 이듬해에 다른 도시로 이사를 갔기 때문에, 그의 삶에서 아이슬레벤에 거주한 기간은 실제 얼마 되지 않는다. 그러나 아이슬레벤이 ‘루터의 도시(Lutherstadt)’로 불리며 주목받는 이유는, 아이슬레벤이 루터의 출생지이자 사망한 곳이기 때문이다. 루터는 사망 직전 인근 도시로 가던 중 심장관련 질환이 발생하여 아이슬레벤에 머물며 치료를 받다가 이곳에서 숨을 거두게 된다.

### ● 루터의 도시 비텐베르크(Lutherstadt Wittenberg)

독일의 종교개혁도시이면서 아이슬레벤과 함께 ‘루터의 도시’라는 명칭을 부여받고 있는 또 하나의 도시가 바로 비텐베르크이다. 비텐베르크가 있는 작센안할트(Sachsen-Anhalt) 주(州)와 인근의 4개 주들에서는 종교개혁이 시작된 10월 31일을 공휴일로 지정하고 있다.

루터가 가장 오랜 기간 동안 거주했던 도시가 비텐베르크이기 때문에, 루터와 관련된 유적들이 가장 많다. 루터가 살았던 비텐베르크 대학교의 건물은 ‘루터하우스’라는 이름의 박물관이 되었는데, 다른 지역에도 루터와 관련된 박물관들이 있지만 이곳이 가장 명성이 높다. 그리고 루터하우스 인근에 루터가 로마 교황청의 파문교서를 불태워버린 사건을 기념하는 기념식수가 있는데, 이 나무를 ‘루터의 (참)나무’라고 부른다.

또한 루터가 95개조 반박문을 내건 성(城)교회(Schlosskirche Wittenberg) 말고 비텐베르크 시내 중심에 있는 시립교회(Stadtkirche Wittenberg)는 루터가 결혼식을 올렸고 루터의 자녀들이 세례를 받은 곳이다. 여기서 루터는 여러 차례 설교했었다. 아이슬레벤과 비텐베르크 두 곳 모두 소도시들이지만, 수많은 순례자가 찾아오는 개신교의 가장 중요한 성지로 손꼽히며, 그래서 2017년 종교개혁 500주년 독일 관광의 하이라이트로 가장 주목받는 종교개혁도시들이다.

### 에어푸르트(Erfurt)

종교개혁이 일어나기 전 루터의 생애에 중요한 변곡점이 된 도시이다. 루터는 법학도로 에어푸르트대학교에 다니고 있었는데, 어느 날 부모님댁에 다녀오는 길에 들판에 내리치는 벼락을 보고 공포에 휩싸여 하느님께서 자신을 살려주시기만 한다면, 수도사가 되겠다고 서원한다. 루터는 그 약속을 지키기 위하여 사제가 될 것을 결심한다. 루터가 들어간 아우구스티누스 수도원은 여전히 에어푸르트에 그 모습 그대로 남아있고, 루터가 사제 서품을 받고 공식적으로 신부가 된 대성당도 이 곳에 웅장하게 서있다. 루터에 대한 에어푸르트의 의미를 한마디로 말한다면, 루터가 종교개혁적 신앙관을 정하는데 에어푸르트의 수도원에서 보낸 구도자로서의 시간들이 큰 토대 역할을 했다는 것이다.[5]

### 아우구스부르크(Augusburg)

보름스 대성당의 황제 면전에서 신문 받기 이전에 아우구스부르크에서 루터에 대한 청문회가 열렸는데, 여기에 참석했던 루터는 살해의 위협으로 인하여 목숨이 위태로울 뻔 했다고 한다. 또한 아우구스부르크는 '아우구스부르크 신앙고백' 내지는 '아우구스부르크 종교화의'와 같은 종교개혁과 관련하여 중요한 역사적 사건들이 발생한 도시이기 때문에, 루터의 생애뿐 아니라 종교개혁 전체를 놓고 이야기할 때도 빼놓을 수 없는 곳에 속한다.

### ● 하이델베르크(Heidelberg)

당시 신성로마제국 영토 내 인문주의의 본산이었던 하이델베르크에서 루터는 종교개혁에 대한 자신의 입장을 표명함으로써, 그의 종교개혁사상이 신성로마제국 전역으로 퍼지게 하는 결과를 가져왔다. 원래는 교황청이 풋내기 사제인 루터가 '선배님'들 앞에서 망신당하고 혼쭐나보라는 의도로 루터에게 발언기회를 준 것이었는데, 루터의 주장에 공감하는 사람들이 많아서 결과적으로 종교개혁이 순식간에 퍼지게 되는 계기가 되었다.

### ● 라이프치히(Leipzig)

루터는 1519년에 라이프치히에서 벌어진 종교논쟁에서 당시 가톨릭의 대표적인 신학자였던 요하네스 에크(Johannes Eck, 1494-1554)와 격렬한 토론을 벌인다. 이 토론을 통하여 가톨릭 교리와 개신교 교리 간의 차이가 이전보다 더욱 선명하게 드러났기 때문에, 양측이 타협할 수 있는 접점을 찾을 수 없게 되었고, 그 결과 루터는 가톨릭과 돌이킬 수 없는 길로 가게 되었다.

### ● 보름스(Worms)

이미 앞서 언급했듯이 루터는 이곳에서 열린 신성로마제국 의회에 소환되어 청문회 자리에 섰다. 이 자리에서 그는 자신의 주장을 철회하라는 교황청의 명령을 거부하였고, 이로 인하여 루터는 제국으로부터 추방된다는 판결을 받았다. 이것은 누가 루터를 죽여도 법으로 처벌하지 않는다는 뜻이니, 사실상 사형선고나 다름없었다. 보름스 대성당 앞의 루터기념비는 세계에서 가장 큰 종교개혁 기념물로 꼽힌다.

### ● 바르트부르크 성

아이제나흐(Eisenach)에 위치한 이 성에서 종교개혁으로 인해 신변의 위협을 받고 있던 루터는 융커(J. Junker)라는 가명으로 은신하면서 신약성서를 독일어로 번역하였다. 이를 기점으로 체계 없이 지역마다 방언 형태로 존재하던 문어체 독일어의 체계가 잡히기 시작하게 되었다. 그리스어와 라틴어로 작성된 1519년판 에라스무스 신약성경을 독일어로 번역하는 작업을 한 것이다. 아이제나흐는 루터가 소년 시절 학교에 다녔던 도시이기도 하다. 참고로 루터는 코부르크{Coburg}에서 구약성서를 독일어로 번역함으로써 성서 신구약 전체 독일어 번역을 완결 지었다.

## 3. 바르트부르크 성에서의 루터의 성경번역과 그 영향

위에서 소개한 독일의 종교개혁도시들 중에서 세 곳이 유네스코 세계문화유산으로도 선정되어 있는데, 그 세 곳은 아이슬레벤, 비텐베르크, 바르트부르크 성이다. 아이슬레벤과 비텐베르크에는 루터와 관련된 여러 유적지들이 있기 때문이고, 바르트부르크 성이 유네스코 세계문화유산으로 선정된 이유는 루터의 또 하나의 매우 중요한 '유적'이라 할 수 있는 성경번역이 여기서 이루어졌기 때문이다.

바르트부르크 성에서의 루터의 성경번역이 가지는 의미를 크게 보면 두 가지이다. 하나는 루터가 중역(重譯)을 하지 않았다는 점이다. 루터 당시에도 독일어로 번역된 성경이 있긴 했지만, 헬라어가 아닌 라틴어로 중역된 것이었다. 하지만 루터는 바르트부르크 성에서 헬라어 원전의 1519년판 에라스무스 신약성경을 독일어로 번역했다.

또 하나의 의미는 성경번역을 축역(逐譯)이 아닌 의역(意譯)으로 했다는 점인데, 전자인 축역은 목표 텍스트보다는 원천 텍스트에 훨씬 더 무게를 싣는다는 점에서 원천 텍스트 지향적이라고 할 수 있다.[6] 서구 번역사에서 '70인역'[7] 성경에서 본격적으로 시작된 '축역'의 전통은 의역과 함께 번역의 집을 떠받들고 있는 두 기둥 가운데 하나였다. 그런데 중세 가톨릭 교회에서는 성서는 말할 것도 없고 신학서나 철학서를 번역할 때도 원천 텍스트의 의미를 정확하게 옮겨야 한다는 축역의 원칙을 고수했다. 이러한 원칙에서 조금이라도 벗어나면 이단의 낙인을 찍기 일쑤였다. 예를 들어 프랑스의 인문학자이자 서양 최초의 번역이론가라고 할 수 있는 에티엔 돌레(E. Dolet, 1509-1546)는 서구 번역사에서 번역을 축역의 방식으로 충실히 하지 않았다고 해서 화형을 당한 대표적인 인물로 꼽힌다.[8]

이런 측면에서 보면 돌레와 동시대를 살았던 루터에게도 의역은 위험천만한 일이었을 텐데, 루터는 의역에 대한 신념을 굽히지 않았다. 루터는 성서번역 또한 '의미 대 의미'로 번역하는 의역 방식을 택했다. 루터는 『통역에 관한 서한 Sendbrief vom Dolmetschen』(1530)에서 자신이 지나치게 자유로운 번역을 시도한다고 비난하는 비평가들에게 맞서 자신의 번역방식을 다음과 같이 고집하고 있다: "무엇이 어떠한지에 대해서 알고 싶으면 집에 있는 어머니들, 골목에서 노는 아이들, 저잣거리에서 일하는 평범한 사람들에게 직접 물어보아야 한다. 그리고 그들이 어떻게 말하는지 그들의 입을 주시하여, 그에 따라 번역해야 한다. 그때야 비로소 그들은 그 말을 이해하고, 사람들이 자신들에게 독일어로 말하고 있다는 사실을 알아차리게 될 것이다."[9]

번역의 방식에 대한 논란과 관계없이 루터의 성경번역은 결과적으로 독일어 통일의 기반을 만들어냈다. 루터의 성경번역은 당시 여러 방언으로 사용되던 문어체 독일어가 루터의 독일어로 전환되는 기틀을 만들어 낸 그런 획기적인 사건이었다. 루터가 독일어로 성경을 번역했다는 것은 당시 구교에서 신교로 돌아선 신성로마제국 인구의 약 절반가량이 루터의 독일어 성경으로 읽게 되었다는 뜻이 되기 때문이다.

1521년 가을에 완성된 바르트부르크 성의 신약성경번역과 이후 구약성경에 대한 번역이 완결되면서 신성로마제국 내에서 개신교를 믿는 사람들은 누구나 루터의 독일어 성경을 읽었고, 그 자녀들에게도 루터의 독일어 성경을 읽어 주었으며, 그 자녀들은 또 그들의 자녀들에게 읽어 줌으로써 그리고 그렇게 세월이 흐르면서 루터의 독일어 성경은 독일인들에게 어느덧 표준 독일어로 자리를 잡아가게 되었다. 기독교 신앙이 삶의 실존적 기반이었던 당시 독일인들이 그들의 신앙적 체험들을 일기와 에세이 형식 등을 통하여 개인적으로 기록하고, 더 나아가 서로 친한 지인들과 신앙고백적인 편지들을 주고받음으로써 훗날 독일의 대중문화로까지 자리 잡게 된 편지왕래문화[10]의 길이 열린 것도 루터의 독일어 성경번역 없이는 상상하기 힘들다. 또 괴테(1749-1832)의 『젊은 베르테르의 슬픔』이 전 유럽의 베스트셀러가 되고, 나폴레옹은 이 작품을 일곱 번이나 읽었다는 일화도 루터의 성경번역이 없었다면 불가능한 일이었을 것이다.

여기서 한 가지 언급해야할 것은, 루터의 독일어가 표준 독일어로 자리 잡아가는 과정에서 독일 경건주의(Pietismus)의 역할이 매우 컸다는 점이다. 이는 방금 언급했던 독일 사람들이 자신들의 신앙과 관련된 일들, 즉 신앙상의 유혹과 좌절, 무력감 그리고 신앙으로 인하여 생겨난 기쁨과 환희 등을 에세이나 일기 등으로 남기고, 더 나아가 편지로 왕래하는 등의 대중문화가 정착된 것도 이 경건주의 시기였고 또한 그 어떤 시대보다 경건주의 때처럼 기독교신앙과 관련된 읽을거리가 많이 출판되고 널리 보급된 적은 없었다는 사실에서도 알 수 있다. 1740년대에 독일에서 간행된 모든 출판물의 75%를 경건주의와 관련된 서적들이 차지했다.[11]

경건주의는 근원적으로 보면 30년 종교전쟁(1618-1648)[12]에서 비롯되고 있다. 1517년 종교개혁 이후 구교와 신교간의 갈등은 1555년 종교화의로 봉합되는 것처럼 보였지만, 미봉책일 뿐 그 갈등은 지속되다가 결국 전면적인 양상으로 터진 것이 30년 종교전쟁이었다. 30년 전쟁은 같은 기독교인 신교와 구교 간에 일어난 종교전쟁이었다. 신교도, 구교도 동일한 하나님 혹은 하느님의 이름으로 전쟁의 정당성을 확보하면서, 같은 십자가 앞에서 출사표를 내걸고 전장으로 나갔던 부조리한 전쟁이었다. 30년 동안 지속되었던 전쟁의 참담함을 목도하는 당시의 지식인들에게 삶은 이해할 수도 이해되어지지도 않는, 그래서 하나님의 섭리에 대한 의구심뿐만 아니라 하나님의 실존 여부조차도 의심하게 되는 근본적인 회의를 안겨다 주었다. 이런 정황의 여파로 무신론이 확산되었으며, 또한 세

속의 쾌락을 추구하는 경향도 두드러지게 나타났다. 그러나 다른 한편으로는 도처에서 벌어지는 죽음의 체험은 혹시 자신에게도 곧 들이닥치지 않을까하는 공포와 위협으로 사람들을 몰아갔고, 이는 다시 내세에 대한 강렬한 동경으로 이어져 이전보다 자신을 더 신앙적으로 몰입시키는 금욕적 삶의 태도로 양립되어 나타났다.[13]

하지만 당시의 개신교회는 경건하게 살고자하는 간절한 사람들의 신앙적 욕구를 채워주지 못했다. 왜냐하면 당시 개신교의 제도교회(Amtskirche) 내에서는 자파(自派)의 정통성 주장을 위한 '논쟁신학'에 의한 '개신교 정통주의'의 영향으로 인하여 설교는 은혜가 되지 못했고, 개신교회 자체가 전반적으로 점점 더 경직되어가고 있었기 때문이다.[14] 이런 경향성에 반대하여 믿는 사람들 하나하나의 마음을 영적으로 쇄신시키고 믿음의 실천적 행동에 초점을 맞추는 목회(牧會)를 대안으로 내놓으면서 교회개혁을 이루고자 했던 것이 경건주의운동이었다. 경건주의는 17세기와 18세기에 걸쳐 독일 개신교내에서 일어났던 종교개혁 이래로 가장 근원적이고 영향력이 광범위했던 기독교 신앙의 쇄신운동이었다.[15]

그리고 경건주의는 교회사에서 뿐만이 아니라, 독문학사에서 가지는 의미 또한 매우 크다. 경건주의는 후기 바로크 문학사조부터 괴테시대 사이에서 언어적, 문학적 혁신을 위한 가장 영향력 있는 동인(動因)으로 평가되는데, 경건주의가 독일문학사에 큰 영향을 끼쳤다는 증거를 당시의 대표적인 독일작가들 중 상당수가 경건주의 집안에서 자라났거나 경건주의 교육기관에서 성장했다는 사실에서 찾을 수 있다. 유명한 작가들을 예로 들어 본다면 이미 언급한 괴테 그리고 쉴러(Schiller), 보드머(Bodmer), 레씽(Lessing), 클롭슈토크(Klopstock), 하만(Hamann), 헤르더(Herder), 뷔르거

(Bürger), 렌츠(Lenz), 모리츠(Moritz), 클라이스트(Kleist) 등등을 꼽을 수 있다.[16]

루터의 독일어는 경건주의를 거치면서 기독교적 종교성을 직접적으로 때론 비유적으로 표현할 수 있는 보편적인 성서적 언어로 자리잡아가게 되었고, 이제 이 성서적 언어는 독일 지식인들에게 의사소통뿐만이 아니라 문학에 있어서도 필수적인 소통의 도구가 되었는데, 우리는 그 예를 1774년에 출간된 『젊은 베르테르의 슬픔』에서 찾아볼 수 있다.

괴테는 『젊은 베르테르의 슬픔』에서 그의 터질 것 같은 내면적 고통과 분노를 베르테르를 통하여 작품의 많은 부분에서 성서적 언어로 표현하고 있다. 그러므로 이 성서적 언어의 의미를 이해하지 않고서는, 그가 이 작품을 통하여 표현하고자 했던 의도는 정확히 파악될 수 없다. 예를 들면 베르테르가 "나는 나의 아버지에게로 갈 것이다"라고 말하고 있는 것이나, 베르테르의 연인 로테(Lotte)의 아버지를 염두에 두고 말하는 "나는 너의 아버지에게로 갈 것이다"라는 표현에서 독자가 만일 "아버지"를 단순히 일반적인 누구의 어떤 아버지로만, 즉 이 대목에서의 '아버지'가 기독교에서 말하는 '하나님 아버지'(Gott Vater)를 지칭하고 있다는 것을 모른다면, 이 작품을 이해하는 통로는 처음부터 막혀있는 것이나 다름없다. 베르테르가 말하고 있는 "나의 아버지"와 "너의 아버지"를 독자 또한 '하나님 아버지'로 같이 이해하며 작품을 읽어 나갈 때에야 비로소, 베르테르가 이 말을 하는 것이 그가 죽음도 불사하겠다는 결연함에 대한 암시로 이해할 수 있게 되는 것이다. 베르테르가 말하고 있는 "아버지"는 또한 베르테르의 숨 막히는 현실과 그로 인한 슬픔과 고통 그 모든 것이 녹아 없어지는, 아니 아예 삶의 고통을 느낄 필요가 없는 그런 영적(spirituell)인 안식처를 의미하기도 한다.[17]

또 하나의 예를 들어보면, 이 소설의 마지막 장면에서 포도주에 관한 언급이 나온다. 그런데 기독교의 성서적 언어나 상징에 대한 지식이 없으면, 이 포도주는 단순한 음료로 취급될 수밖에 없다. 즉 베르테르의 자살 당일인 12월 22일 화요일 날 낮에 베르테르는 어린 시종에게 빵과 포도주를 자신의 방으로 가져 오게 하고, 또 이날 밤 죽기 직전 다시 포도주 한 병을 더 가져오게 하고 있다. 베르테르의 이런 행위가 성경에서 예수가 골고다 언덕으로 가기 전에 행한 최후의 만찬[18]을 암시하고 있다는 것은 기독교 문화와 성서적 언어에 익숙한 사람들에게는 전혀 낯설지 않은 연상 작용이다. 또한 베르터가 12월 22일 낮에 빵과 포도주로 식사 한 후에 비가 오는데도 밖에 나갔다가 밤이 되어서야 들어왔다는 묘사도 성경에서 예수가 최후의 만찬을 마친 그날 밤 겟세마네에서 기도하면서 죽음을 준비하는 일련의 장면들을 떠올리게 한다.[19]

그리고 베르테르가 권총 자살하기 직전에 괴테는 베르테르로 하여금 포도주를 마시게 하고 있다. 그것도 적포도주를.[20] 어째서일까? 자살충동을 더 이상 제어하지 못하는 베르테르의 절박한 상태에는 알코올 도수 36도 이상의 독한 독일식 소주가 더 적격이 아니었을까?

작가 괴테는 베르테르로 하여금 적포도주를 독주보다 고상해서 마시게 하고 있지 않다. 괴테는 이를 통하여 베르테르의 죽음을 성경 속의 예수의 죽음으로 승화시키려고 의도하고 있는 것이다. 베르테르의 고양된 죽음을 직접적이 아닌, 암시적으로만 표현해야하는 이 대목에서 괴테의 의도를 알게 하도록 독자들에게 잠깐 스치며 지나가는 상징이 포도주다. 성경에 보면 포도주는 예수가 골고다 언덕으로 가기 전, 최후의 만찬 때 사용되어 예수의 피를 상징하고 있고 또한 예수가 인류의 죄를 대신하여 십자가를 지고 죽어가는 희생으로도 상징된다. 이런 성서적 상징의 포도주를 괴테는 베르테르의 자살 직전에 도입하고 있다. 괴테는 이 성서적 상징을 통하여 베르테르의 죽음이 그의 로테에 대한 사랑이 실현되지 않아서, 그것으로 인해 촉발된 단순히 혈기에 찬 한 젊은이의 충동적 죽음이 아니라, 예수가 자신은 전혀 죄가 없지만, 구속사적(救贖史的) 차원에서 인간의 죄를 대신해서 죽는 그런 숭고하고 장엄한 희생의 죽음(Opfertod) 그 자체라는 것을 말하고 싶었던 것이다. 베르테르의 죽음은 자유로운 사상과 감정을 질식시키는, 당시의 기성적 풍토로 인해 숨 막혀 죽어가는 젊은 세대의 정신적 죽음을 대신하고 있는 것으로, 더 나아가 기성사회를 향한 강력한 저항의 행위로 해석되어야할 것이다.[21]

## 4. 나오는 말

기독교라는 단일종교가 천년을 훨씬 넘어 그 긴 시간동안 유럽 사람들의 이성과 감정을 지배해왔기 때문에, 문학, 사학, 철학을 비롯한 유럽 정신사에서는 '종교적 인간'으로서의 인간 본질의 한 측면이 각 분야별로 혹은 학제간의 연구와 토론을 통하여 지금까지 끊임없이 중요하게 논구되어왔다.

기독교적 종교성이 작동해서 기독교적인 종교성의 방식으로 자연과 인간의 삶에 변화를 가하는 것, 그리고 그로 말미암아 나타나는 결과를 기독교문화라고 한다면, 그렇게 해서 이루어진 세계의 형태가 기독교문명이다. 따라서 기독교적 종교성은 유럽인들의 존재여부와 상관이 있는 인간의 동선을 알려주는 무늬인 것이다.[22] 그러므로 철학이든 역사든 문학이든 유럽 내의 어떤 지역, 어떤 나라의 인간의 무늬를 알려면 기독교적 종교성은 반드시 고려되어야만 하는 것이다. 근대독문학을 형성하는 세 가지 요소가 고대 그리스. 로마 서사문학(Antike-Epik), 르네상스 서사문학(Renaissance-Epik) 그리고 성서(Bibel)임을 생각할 때,23 독문학 이해를 위한 기독교적 종교성의 이해와 성서적 언어에 대한 강조는 아무리해도 지나치지 않을 것이며, 이런 인문학적 맥락에서 루터의 성경번역은 다시 한 번 높이 평가되어야할 것이다.

---

1 R. H. 베인톤, *Here I stand. A Life of Martin Luther*, 이종태 역, 『마틴 루터의 생애』, 생명의 말씀사, 1982, 198쪽.

2 앞의 책, 193-198쪽 참조.

3 박종소, 『17세기 독일 종교서정시에 나타난 교회비판의 사상적 배경』, 도서출판 하늘과 땅, 2008, 13-14쪽.

4 https://de.wikipedia.org(Art. "Reformationsstadt Europas").

5 루터는 에어푸르트 수도원에서 수도사로서 구도의 길을 걸으면서, 치열하게 살았지만 늘 마지막에는 해결되지 않는 결론으로 괴로워했는데, 그것은 하나님은 너무도 거룩하고 본인 자신은 너무나도 죄인이라는 것이었다. 그러니 루터는 어떻게 내가 하나님 앞에 나아가겠는가. 그래서 죄인인 나 자신을 깨끗하게, 정결케 하기 위해서 당시 로마가톨릭에서 가르쳤던 자선을 베풀기도 하고 성지를 방문하게 된다. 로마도 방문하여 돌계단을 무릎으로도 기어 올라가 봤지만, 별 소용이 없었다. 또 기도하고 회개하고 금식도 하고 조그만 죄라도 있으면 고해성사를 끊임없이 해보았지만, 마음의 평화가 없었다. 내가 이런 죄를 가지고 하나님께 도저히 나갈 자신이 없고 마음의 평화가 없는 것이었다. 루터는 아마도 민감한 양심을 가진 결벽증에 가까운 성격의 사람이었던 것으로 추측된다. 그래서 마음으로 짓는 조그만 죄에도, 윤동주의 '하늘을 우러러 한 점 부끄럼이 없는' 그런 마음처럼 늘 괴로워했다. 그래서 결국에는 루터의 고해성사를 끊임없이 들어야 했던 수도원의 주임신부인 슈타우피츠가 루터로 하여금 비텐베르크대학교 신학과로 가서 성경을 집중적으로 공부하게 했다. 그곳에서 신학박사가 되었고, 슈타우피츠의 조언으로 성경을 더욱 더 잘 이해하게 되었고 성경을 대학생들에게 강의하게 되었다. 이런 과정을 통하여 루터의 종교개혁사상이 생겨나게 된 것이다. '말씀신학' 혹은 '은혜신학'으로 불리는 루터의 종교개혁적 신념이 형성되던 계기가 되었던 것이다. 루터는 인간의 죄성과 그로 인한 구원의 문제를 성경을 통해 해결하였던 것이다. 박경수(장로회신학대학교 역사신학과 교수/목사), 설교 "종교개혁 498주년 기념강좌. 은혜와 믿음으로 받은 선물, 마르틴 루터", 인천 동노회 남선교회 순회헌신예배 주관, 2015년 8월 2일(you tube 게시일).

6 김욱동, 『번역의 미로. 번역에 관한 열두 가지 물음』, 글항아리, 2011, 159쪽.

7 흔히 '70인역 Septuagint'으로 일컫는 성서는 서양에서 축역의 가장 대표적인 예로 꼽힌다. 이 성서는 히브리어 구약성서 원문을 그리스어로 옮긴 최초의 번역이다. 기원전 2-3세기에 이집트와 알렉산드리아에 살고 있던 유대인들(디아스포라)은 자녀들의 신앙교육을 위하여 히브리어로 기록된 자신들의 성경을 그리스어로 번역하기 시작했다. '토라'라고 하는 모세 5경은 기원전 3세기 중반에, 나머지는 기원전 2세기에 번역했다. 당시의 번역전통에 따라 대부분 축역으로 번역된 '70인역' 성서는 뒷날 모든 성서의 원천이 되다시피 했다. 이 성서를 원천 텍스트로 삼아 라틴어

성서가 번역되어 나왔다. 서구번역사에서 '70인역' 성서에서 본격적으로 시작된 축역 전통은 번역의 집을 떠받들고 있는 두 기둥 가운데 하나였다. 앞의 책, 160–162쪽.

8 앞의 책, 161–162쪽.

9 R. 슈톨체, *Übersetzungstheorien*, 임우영 외 역, 『번역이론 입문. 번역학 꿰뚫기』, 한국외국어대학교 출판부, 2011, 9쪽.

10 박종소, 「괴테와 『교회와 이단의 역사 Kirchen– und Ketzerhistorie (1699–1700)』」, 『독일어문학』 제36집(15권 1호), 2007년 3월, 37쪽.

11 박종소, 『17세기 독일 종교서정시에 나타난 교회비판의 사상적 배경』, 17–18쪽.

12 30년 종교전쟁의 전쟁터가 되었던 독일은 헤아릴 수 없이 많은 고통을 겪었다. 이탈리아, 스페인, 프랑스, 스웨덴에서 온 용병들은 약탈과 살인을 일삼았고 전답이나 마을, 도시들이 황무지로 변해버렸다. 전쟁이 시작되던 때 1800만 명이던 인구가 3분의 2밖에 남지 않게 되었다. 이런 손실은 독일의 정치적, 경제적 발전에 '역사의 수레바퀴를 100년쯤 뒤로 돌린' 심각한 장애를 안겨 주었다. 임종대 외, 『독일이야기. 독일어권 유럽의 역사와 문화 1』, 서울대학교 독일학연구소, 거름 2004, 92–93쪽.

13 전쟁의 참상으로 인한 17세기의 이런 상반된 행동양식이 다음의 저서에 자세히 묘사되어 있다. Hartmut Lehmann, *Das Zeitalter des Absolutismus. Gottesgnadentum und Kriegsnot*, Stuttgart, 1980.

14 이 같은 쇄신을 통하여 경건주의자들은 그동안 중단되었던 루터의 종교개혁이 그들의 현재 삶속에서 참되게 이루어질 수 있다고 믿었다. 기독교인의 삶과 관련해서는 개개인 영혼의 각성이 복음의 핵심으로 파악되었다. 경건주의자들은 영혼의 각성을 통하여 거짓 경건과 위선으로부터 자신들을 구별하고자 했으며 또한 그들 내부에 아직 완전히 없어지지 않은 신적인(gottlich) 품성을 인식하고 느끼게 되면서 거룩한 삶의 전제가 되는 영적 거듭남을 중요시하였다. 경건주의는 인간을 새롭게 거듭나게 하고 그것을 통하여 그리스도를 본받아 살게 함으로써 말뿐이 아닌 현실에서의 '열매'가 나타날 수 있는 실천적인 신앙생활을 요청하였다. 그들은 '진짜' 믿는 사람들로만 이루어진 공동체를 만들고 그 안에서 실천적 사랑의 행위를 통하여 또한 하나님 나라의 도래를 곧 있게 될 것으로 믿으면서 그때를 준비하는 종말론적 단호함으로 '세상'과 거리를 두고 자신을 경계하며 살았다. 박종소, 『17세기 독일 종교서정시에 나타난 교회비판의 사상적 배경』, 17쪽 참조.

15 Hans–Jürgen Schrader, Art. "Pietismus", in: *Sachlexikon Literatur*, hrsg. von Volker Meid, München, 2000, S. 692–700.

16 박종소, 『17세기 독일 종교서정시에 나타난 교회비판의 사상적 배경』, 17–18쪽.

17 박종소, 「괴테의 「베르터」에 나타난 성서적 표현과 그 의미. 성서적 암시를 통해서 본 베르터의 죽음」, 『독일문학』 제117집(52권 1호), 2011년 3월, 71–74쪽 참조.

18 성경에 보면 그리스도는 죽기 전날 열두 제자들과 함께 최후의 만찬을 행하는데, 그때 빵과 포도주를 제자들에게 나누어 주면서 남의 죄를 대속(代贖)해서 죽는 자신의 죽음을 예언하고 있다. 마태 26:26–28, 마가 14:22–26, 누가 22:14–20, 고전 11:23–25를 참조할 것.

19 "아버지여 만일 할 만하시거든 이 잔을 내게서 지나가게 하옵소서 그러나 나의 원대로 마시옵고 아버지의 원대로 하옵소서."(마태 26:39). 박종소, 「괴테의 「베르터」에 나타난 성서적 표현과 그 의미. 성서적 암시를 통해서 본 베르터의 죽음」, 64–66쪽 참조.

20 원문에는 "Von dem Weine hat er nur ein Glas getrunken."이라고 되어 있다.

21 박종소, 『17세기 독일 종교서정시에 나타난 교회비판의 사상적 배경』, 11–13쪽 참조.

22 최진석, 『생각하는 힘 노자인문학』, 위즈덤하우스, 2015, 18쪽 참조.

23 박종소, 「중세기사소설 「파르치팔 Parzival」에 나타난 '기사됨'의 종교적 의미」, 『독일어문학』 제25집(12권 2호), 2004년 6월, 134쪽.

# 표트르의 도시, 베드로의 도시: 19세기 동아시아인의 눈을 통해 바라 본 상트페테르부르크

양승조

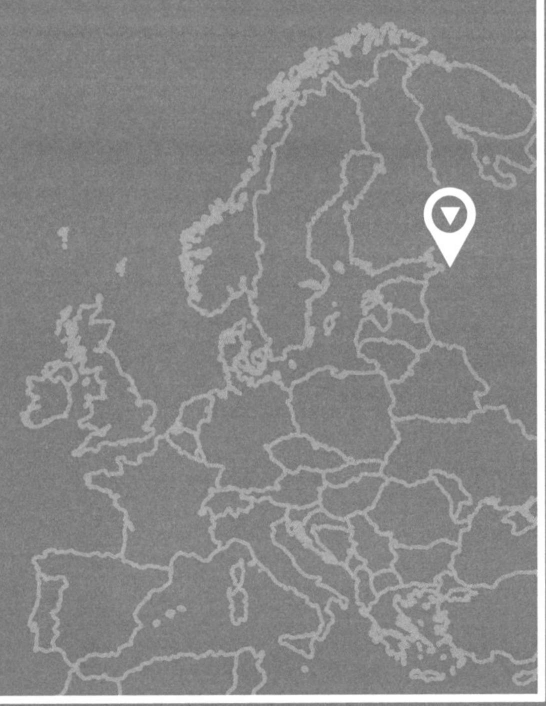

# 표트르의 도시, 베드로의 도시: 19세기 동아시아인의 눈을 통해 바라 본 상트페테르부르크

## 1. 상트페테르부르크 서설

러시아인에게 있어 상트페테르부르크는 남다른 의미가 있는 도시이다. 그것은 이 도시가 제정 러시아 후반기에 200년에 걸쳐 제국 수도의 역할을 담당했던 곳이기 때문이다. 1703년에 건설되기 시작한 이래로 1918년에 모스크바로 수도가 변경될 때까지 상트페테르부르크는 215년간 이 거대한 국가의 정치, 경제, 행정, 문화 중심지로 존재했다. 그런데 이러한 자부심이 주로 페테르부르크인들(петербуржцы: 상트페테르부르크에 거주하는 시민) 사이에서 찾을 수 있는 감정이라면, 상트페테르부르크는 이를 넘어서는 러시아인 다수의 심성을 사로잡는 또 다른 상징을 가지고 있다. 그것은 이 도시가 표트르 1세(Пётр I Алексеевич Алексеевич, 1672~1725)에 의해서 유럽화된 러시아의 총화로서 건설된 곳으로, 러시아 근대화의 시작점이자 중심지였다는 사실이다.

표트르 1세가 차르의 자리에 오르기 전까지 러시아는 여러 차례에 걸

* 이 글은 『도시연구: 역사 · 사회 · 문화』 12(2014)에 게재된 필자의 논문을 본서의 취지에 맞도록 수정-보완한 것입니다.

쳐 정치적 위기들을 겪으며 매우 불안정한 상황에 놓여 있었다. 정치적으로는 1598년에 류릭계 왕통이 단절되면서 내부 분열과 외세 간섭으로 혼란을 겪었다. 러시아사에서 '동란시대(Смутное время)'라고 부르는 이 시기를 거치며 1613년에 성립된 로마노프왕가는 지배체제를 확립하는 데 많은 시간을 필요로 했다. 경제적으로도 위기를 맞았다. 가장 중요한 교역 상대국인 비잔티움 제국과의 무역관계는 몽골 침략과 함께 약화되었으며, 최종적으로는 1453년에 비잔티움 제국 자체가 붕괴됨으로써 볼가강을 중심으로 흑해와 발트해를 연결하는 북방교역로는 중요성을 상실하게 되었다. 반면 남북교역로를 대체할 수 있는 유럽 지역과의 동서교류는 종교적 차이에 따른 갈등으로 그리 활발하게 진행되지 않았다. 이렇듯 경제적 활력을 상실하게 되면서 도시민과 상공업 종사자가 독립된 계층으로 성장하지 못했다. 사회적 · 문화적으로는 전통 질서의 고수와 외국 문물에 대한 거부감이 대세를 이루고 있었다. 당시 서유럽에서는 봉건제가 쇠퇴하고, 종교개혁을 통해 종교의 자유가 확산되고 있었으며, 계몽주의가 사람들의 의식을 혁명적으로 변화시키고 있었으나, 러시아 지배층은 변화를 완강하게 외면하면서 가능한 이를 늦추려고 애썼다.

이러한 조건 속에서 차르가 된 표트르 1세의 치세는 그 대부분이 대외 전쟁과 내란 진압으로 점철되어 있다. 표트르 1세는 대내외 전쟁들을 통해 국내적으로는 내부 통합과 왕권 안정을 확립했고, 대외적으로는 유럽 지역에서 러시아의 존재감을 각인시켰다. 그런데 이 중에서도 표트르 1세 개인과 러시아 국가의 향방에 커다란 영향을 미치는 전쟁을 하나 들 수 있는데, 이것은 러시아뿐만 아니라 북유럽 세계의 질서를 재편한 북방전쟁(Северная война, 1700–1721)[1]이었다. 이 전쟁은 당시 북유럽의 패자로 부상했던 스웨덴과 이를 견제하려는 주변 국가들 사이에서 벌어진 지역분쟁이었다. 30년 전쟁 이후 북유럽 지역의 강국으로 부상한 스웨덴은 이후 지속적으로 발트해 연안지역을 병합함으로써 이 지역의 패권국가가 되었다. 그러나 스웨덴의 이러한 부상은 주변국의 경계심을 자극했으며, 이에 따라 조성된 스웨덴에 대한 견제는 덴마크, 폴란드, 모스크바국(Московское государство)[2]과 같은 북유럽 국가들은 물론이고 오스만제국, 크림 칸국, 프로이센, 영국 등 유럽 대륙의 여러 국가들이 직간접적으로 참전하는 국제전으로 비화되었다. 스웨덴에서 칼 12세가 15세라는 어린 나이에 왕좌에 오르자 북동유럽의 주변 국가들은 이를 스웨덴을 압박할 수 있는 기회로 생각했다. 그러나 덴마크, 폴란드, 모스크바국으로 구성된 북방동맹 측의 선전포고로 시작된 대 스웨덴 전쟁의 초반은 어린 나이에도 불구하고 용맹한 장수이자 뛰어난 지략가임이 드러난 칼 12세가 지휘하는 스웨덴군의 연승으로 점철되었다. 칼 12세는 개전과 함께 코펜하겐을 급습하여 덴마크의 항복을 받아냈으며, 이후 곧바로 칼끝을 동쪽으로 돌려 모스크바국으로 진격했다. 현 에스토니아 동북쪽에 위치한 나르바(Нарва)에서 마주친 양국 군대의 전투는 모스크바국 군대의 대패로 끝났다. 이 전투에서 스웨덴 군은 모스크바국 군대에 비해 수적으로 3-4배나 열세였으나, 훈련과 무장으로 이러한 차이를 극복하며 표트르의 군대에 참패를 안겼다.

나르바 전투에서의 패배는 표트르 1세가 모스크바국의 후진성을 인식하고 국가개조 작업에 적극적으로 착수하는 계기가 되었다. 표트르 1세는 이 패배의 원인을 군사적 후진성뿐만 아니라 국가의 전반적 역량 차이 때문이라고 진단했으며, 이에 따라 국가 운용 능력을 개선하고 경제력을 상승시키기 위해 서유럽 국가를 모델로 하는 국가 및 사회 전반에 대한 개조 작업에 착수했다. 이러한 개혁이 시작되던 시점에 표트르는 스웨덴이 장악하고 있던 네바강 하구의 발트해 연안지역을 공격하여 점령하는데 성공한다. 그는 전략적 요충지인 이 지역에 대한 방어를 공고화하기 위해 요새뿐만 아니라 새로운 도시를 건설하는데, 이것이 상트페테르부르크이다. 그런데 상트페테르부르크의 건설은 단순히 요새화된 도시를 건설하는데 있지 않았다. 표트르 1세는 이 도시가 자신이 시작한 유럽화의 중심지가 되기를 원했으며, 이러한 의미에서 이곳은 서유럽적인 공간으로 설계된 근대적 계획도시로서 러시아 사회를 유럽화를 통해 빠른 시간 내에 개혁하려고 했던 표트르 1세와 그를 둘러싼 개혁 집단의 근거지로 구상된 곳이었다.

우리는 이 글에서 상트페테르부르크가 가지고 있는 근대 유럽도시로서의 특성을 19세기 중반 러시아를 방문한 일본 사절단이 남긴 기록과 '아우라', '흔적'과 같은 근대도시공간에 대한 발터 벤야민(Walter Benjamin)[3]의 개념들을 사용해서 살펴볼 것이다. 19세기 중반에 왜 일본 사절단이 상트페테르부르크를 방문했는지, 발터 벤야민의 철학적 개념에 비추어 볼 때 상트페테르부르크는 어떠한 의미를 가지고 있는지, 상트페테르부르크가 가지고 있는 근대 도시로서의 아우라는 어떻게 시작되었으며, 또한 후세에 의해 이어졌는지를 뜯어볼 것이다. 이와 함께 상트페테르부르크와 같이 전적으로 인위적이고 계획적인 도시도 러시아라는 공간 조건과 세대 변화라는 시간 흐름 속에서 다양한 흔적을 가지게 되었다는 점도 드러낼 것이다. 그리고 이를 통해 극단적 계획도시인 상트페테르부르크에는 러시아적인 것에서 유리된 표트르 1세로 대변되는 '유럽화'의 아우라뿐만 아니라, 러시아적 전통의 흔적들 또한 새겨지고 있었음을 보여줄 것이다.

## 2. 상트페테르부르크를 방문한 일본 사절단

상트페테르부르크의 모습과 그것이 내포하고 있는 의미에 대한 논의는 러시아 내외에서 오래전부터 있어왔다.[4] 그런데 이러한 논의들은 모두 이 도시를 건설한 당사자와 그 후손인 러시아인 스스로가 내린 평가이거나, 이 도시를 건설하는데 있어 절대적인 영향을 끼친 유럽인과 그 후손에 의해 진행된 것들이었다. 즉, 지금까지 상트페테르부르크에 대한 논의는 전적으로 이 도시의 형성에 직접적인 이해관계를 가지고 있는 사람들을 중심으로 진행되어 왔다고 할 수 있다. 그런데 어떤 대상을 보다 입체적으로 평가하기 위해서는 때로 이것에 대해 잘 모르고 있던 사람들의 경험과 인식을 통해 바라보는 것이 중요하다. 이들의 기록에는 평가 대상에 대한 무지로 인해 때로 오해와 편견이 내포되는 위험성이 있긴 하지만, 제 삼자가 남긴 서술은 "'진실'된 기록이라는 점"과 "시대 정신에 막대한 영향력을 행사한다는 점"에서 방문 대상지에 대한 새롭고 의미 있는 설명을 제시할 수 있다.[5] 이러한 점에서 19세기 중반에 상트페테르부르크를 방문한 이와쿠라 사절단(岩倉使節団)이 남긴 기록은 러시아인들 자신과 이웃한 유럽인들이 생각하는 상트페테르부르크가 다른 이들에게도 동일하게 인식되고 있는지를 확인할 수 있는 매우 중요한 자료이다. 메이지시대 일본인으로서 이와쿠라 사절단은 상트페테르부르크의 건설과 발전에 직접적인 이해관계를 가지고 있지 않았으며, 심지어는 이 도시 자체를 생전 처음 본 사람들이었다. 따라서 이와쿠라 사절단이 남긴 19세기 중반 상트페테르부르크에 대한 묘사와 감상은 이것이 유럽 이외 지역에서 온 이들에 의해서 남겨진 인상이라는 점에서 의미가 크다.

이와쿠라 사절단은 메이지유신으로 성립된 일본정부로부터 서양 국가들에 의해 강요된 불평등조약을 개정하라는 외교적 지시를 받고 미국과 유럽 국가들로 파견되었다. 특명전권대사인 이와쿠라 토모미(岩倉具視)를 비롯하여 이토 히로부미, 야마구치 마스카, 오쿠보 도시미치 등 이후 일본 정계에서 중요한 역할을 하는 사람들로 구성된 사절단은 약 22개월이라는 짧지 않은 기간 동안 미국, 영국, 프랑스, 독일, 러시아 등 서방 12개 국가를 방문했다. 그런데 서구 제 국가들에 비해 국력에 있어 여전히 크게 열세였던 당시 일본 상황에서 사절단이 불평등조약 개정이라는 목적을 달성하는 것은 쉽지 않은 일이었다. 첫 번째 방문지인 미국에서부터 파견 목적 달성이 현실적으로 어렵다는 것을 깨달은 사절단은 결국 순행 목적을 서구 세계의 정세와 문물을 살피는 것으로 바꾸게 되었다.[6] 새로운 목적과 함께 사절단은 서양 각국을 방문하면서 서구문물을 직접 체험할 수 있었다. 이러한 과정에서 서구세계에 대한 이들의 식견은 확대되었으며, 서양에 대해 보다 구체적인 상을 가지게 되었다. 그 결과 이들은 일본과 서구, 그리고 일본과 세계의 관계를 새로이 정립할 수 있게 되었다.

이와쿠라 사절단은 약 1년 10개월의 사행기간 동안 체험한 서구 주요국의 상황과 이에 대한 자신들의 평가를 기록으로 남겼는데, 이것이 『특명전권대사 미구회람실기(特命全權大使 米歐回覽實記)』(이하 『미구회람실기』)이다. 총 5편 100권으로 이루어져 있는 이 보고서에서 러시아에 대한 것은 5권 분량이다. 러시아에 대한 기록은 크게 러시아 총설과 상트페테르부르크 방문기로 나눌 수 있다. 총설에는 러시아 약사와 당시 제정 러시아의 정치 · 사회 · 경제 · 문화에 대한 내용이 개괄적으로 서술되어 있으며, 방문기에는 사절단 일행이 상트페테르부르크에 머무는 동안 이 도시와 주변지역에서 보고 들은 것들이 기록되어 있다. 이 보고서는 1861년 농노해방으로 시작된 제정 러시아의 개혁진행 상황은 물론이고, 당시 아시아의 소국이었던 일본의 주요 인사들이 막연히 강국으로만 인식하고 있던 제정 러시아의 실체를 보다 객관적으로 인식해 가는 과정을 보여주는 중요한 자료이다.

이와쿠라 사절단이 1873년 3월 30일에서 4월 15일에 걸친 보름 이 조금 넘는 기간 동안 머문 제정 러시아의 수도 상트페테르부르크는 여정상 사절단이 방문한 도시들 중 가장 먼 곳에 위치해 있었다. 사절단은 태평양을 시작으로 대서양과 인도양을 거쳐 다시 일본으로 돌아오는 여정을 선택했으며, 1871년 11월 12일 아메리카 호를 타고 요코하마 항을 출발한 사절단은 1873년 9월 13일 일본에 돌아올 때까지 약 1년 10개월 동안 미국을 시작으로 영국, 프랑스, 벨기에, 네덜란드, 프로이센 등 서구 세계에서 가장 근대화된 지역을 차례로 방문했다. 그리고 이 순서에 따르면 제정 러시아의 수도인 상트페테르부르크는 순방 차례에 있어 가장 멀리 떨어진 곳이었다.

그러나 지리적 근접성이라는 측면에서 보면 러시아는 동아시아에서 일본과 직접적으로 국경을 접하고 있던 유일한 유럽 국가였기에 당시 일본 정계가 외교적 · 정치적 · 군사적으로 가장 민감하게 반응하고 있던 곳이었다. 실제로 당시 러시아 제국은 광대한 영토로 인해 동아시아 국가들 모두와 경계를 접하고 있었다. 그 중 하나인 일본과는 사할린과 부속 도서들에 대한 관할권 문제로 막부시기부터 사절단을 교환하며 외교관계를 수립하고 있었다. 이러한 이유로 일본에게 있어 러시아는 가장 가까이 있는 유럽 국가이자 영토에 직접적인 위해를 가할 수 있는 경계대상이었기에, 사절단의 여정을 기록으로 남긴 구메 구니타케(久米邦武)는 비교적 길지 않은 방문기간에도 불구하고 러시아와 상트페테르부르크에 대해 비교적 많은 기록을 남겨놓았다.

## 3. 상트페테르부르크와 근대화(유럽화)의 '아우라'

그렇다면 상트페테르부르크를 직접 방문한 일본사절단이 바라본 러시아 제국의 모습은 어떠했는가? 구메 구니타케는 상트페테르부르크를 방문한 기록 말미에 사행에 대한 인상을 기록하며 제정러시아는 그리 크게 근대화된 국가가 아니라고 이야기하고 있다. 그의 판단에 따르면, 당시 일본에 퍼져있던 제정러시아에 대한 두려움은 이 나라의 국력이 실제보다 과장되어 알려진 결과였으며, 러시아는 서유럽 국가들의 견제라는 당시 국제정치적 지형으로 인해 일본을 쉽사리 침략할 수는 없는 상황이었다. 구메가 보기에 러시아가 생각보다 위협적인 존재가 아닌 근본적인 이유는 러시아의 국가 역량, 즉 근대화 수준이 그저 터키를 넘어서는 정도로 그리 높지 않았다는데 있었다.

> 서양인은 아직 러시아를 터키가 조금 근대화한 정도의 평가밖에 하고 있지 않다. 러시아인들도 영국, 프랑스의 강한 국력 앞에는 승복하지 않을 수 없다.
> 그들이 열심히 노력하는 것은 하루라도 빨리 이들 우수한 나라들과 어깨를 나란히 하고 싶기 때문이다. 유럽에서 러시아의 지위는 그 정도이다.[7]

사실 19세기 중반 상트페테르부르크의 외관은 서구 주요 국가들에 있는 근대 도시들에 비해서도 그리 뒤떨어지지 않았는데, 이에 대해서는 구메 자신도 여러 곳에서 언급하고 있다. 상트페테르부르크가 서유럽 도시들과 비견될 수 있을 정도로 근대적인 도시였던 것은 이곳이 건설 초기부터 러시아 유럽화(Европеизация)의 중심지로 계획된 곳이었기 때문이다. 상트페테르부르크가 위치하고 있는 네바강 하구 일대는 자연적 · 기후적 입지에 있어 도시를 건설하기 좋은 곳이 아니었다. 이러한 조건에도 불구하고 표트르 1세가 이곳에 도시를 세우고 심지어는 새로운 수도로 삼은 것은 지정학적으로 볼 때 이곳이 당시 러시아에서 유럽의 근대 문물을 가장 빨리 수입할 수 있는 곳이었기 때문이었다. 그리고 이러한 이유로 상트페테르부르크는 이 시기 러시아에서는 볼 수 없었던 유럽적이고 근대적인 도시로, 즉 전적으로 새로운 유형의 도시로 계획되고 건설되었다. 실제로 상트페테르부르크에 대해 연구하는 많은 러시아 학자들은 이 도시가 제정 러시아 내에서 가지는 의미를 설명할 때 그 방점을 정치, 경제, 문화, 역사 등 서로 다른 부분에 두고 있다는 점에서는 차이가 있으나, 이 도시를 러시아 근대화의 기수, 유럽적 러시아의 상징, 유럽과의 교류에 있어 연결고리이자 중심지로 본다는 점에서는 견해가 일치하고 있다.[8]

문제는 표트르 1세 이래로 19세기 중반까지 러시아제국 내 다른 지역들의 상황은 상트페테르부르크와 크게 달랐다는데 있다. 수도인 상트페테르부르크는 유럽 어느 도시와 비교해도 크게 차이를 보이지 않을 정도로 근대적인 외관을 갖추고 있었으나, 이를 둘러싸고 있던 러시아의 나머지 대부분 지역에서는 전근대적이고 전통적인 질서가 확고하게 자리 잡고 있었다. 전제정과 소수 귀족층에 의해 좌우되는 후진적 정치체제, 인간의 가치가 신분에 따라 엄격하게 구분되는 불합리한 사회구조, 산업발전과 대외교류에 대한 관심과 투자가 미진하고 농업에 전적으로 의존하는 전근대적 경제관계, 전통을 고수하며 외부의 발전된 기술을 거부하는 고립된 농경방식 등 제정 말 러시아 사회는 서유럽적 근대성과는 거리가 먼 곳이었다. 이러한 이유로 구메가 보기에 19세기 중반 제정 러시아에서 근대 도시 상트페테르부르크는 러시아가 보편적으로 가지고 있는 정치적 · 사회적 · 경제적 특징을 대변해서 보여주는 곳이 아니었다. 실제로 제정 러시아 시기에 상트페테르부르크는, 구메가 정확하게 인식한 것처럼, 무지하고 가난하며 시대에 뒤떨어진 지방들에 둘러싸인 러시아 근대화의 섬이었다.

우리는 이러한 상트페테르부르크와 러시아 제국의 나머지 부분 사이의 관계를 발터 벤야민이 정의한 '아우라' 개념을 사용하여 설명할 수 있다. 아우라는 라틴어의 '공기(aura)'에서 유래한 말로, 원래는 신이나 천사, 천국 등과 같은 종교적 존재의 권위를 설명할 때 사용되는 용어이다. 이러한 의미에서의 아우라 개념은 이전부터 독일 예술계와 문학계에서 이미 널리 사용되고 있었으나, 이것이 종교적 차원을 벗어나 철학적 수준으로 전환된 것은 벤야민에 와서의 일이다.[9] 벤야민에 따르면, 유럽에서 예술작품은 중세시대는 물론이고 18세기 까지도 그 속성상 종교적 숭배와 밀접한 관계를 가지고 있었다. 이러한 이유로 예술작품은 일반인이 접근하기 힘든 곳에 보관되었으며, 지배집단이 특별한 시기에 접근을 허용하는 예외적인 경우를 제외하면 대중으로부터 유리되어 있었다. 그 결과 전통적 예술작품은 종교적 숭배 대상으로서의 아우라라는 특성을 획득하게 되었다. 그런데 이러한 아우라를 갖춘 예술작품은 종교적 제의와 연관이 깊고 접근하기 어려운 것이라는 의미에서 유일하고 독창적인 것이다. 이러한 이유로 근대로 접어들면서 종교적 제의가 중요성을 상실하게 된 이후에도 평범한 사람에게 있어 전통적 예술작품은 상시로 손쉽게 경험할 수 없는 대상이었으며, 기회가 주어져 가까이에서 이것을 접하게 되었을 때에도 사람들은 여기에서 범접하기 어려운 아우라를 느끼게 되었다. 그리고 이렇게 예술작품에 제의가치(祭儀價值)로서 내재된 아우라는 예술적 경험을 인간에게 전달해줄 수 있는 조건이 되었다. 즉, 인간은 아우라를 통해 예술작품이 가지고 있는 아름다움을 느낄 수 있다.[10]

러시아에서 상트페테르부르크는 바로 이러한 아름다움을 내재하고 있는 대상이다. 러시아 대중에게 있어 상트페테르부르크는 표트르 1세로 상징되는 근대화라는 아우라를 속성으로 가지고 있는 곳이다. 즉, 표트르 1세의 창조물로서 상트페테르부르크는 그가 가지고 있던 러시아 근대화라는 이상이 체현된 곳이다. 이러한 의미에서 상트페테르부르크에서 표트르 1세와 근대화는 동의어라고 할 수 있으며, 황제는 자신이 가지고 있던 근대화라는 이상의 현실태인 이 도시가 가지게 된 아우라의 본질이었던 것이다. 19세기 중반 러시아를 방문했던 이와쿠라 사절단도 상트페테르부르크를 살펴보면서 이러한 느낌을 받은 것으로 보인다. 실제로 이와쿠라 사절단이 상트페테르부르크와 그 주변 지역에서 경험한 많은 근대적 문물들은 표트르 1세와 직간접적인 연관관계를 가지고 있었으며, 이러한 이유로 구메는 상트페테르부르크에 대한 기술을 하면서 여러 곳에서 표트르 1세에 대한 이야기를 하고 있다.

## 4. 아우라 만들기: 표트르 1세와 새로운 수도 상트페테르부르크

상트페테르부르크의 시작은 표트르 1세와 직접적으로 연결되어 있다. 젊은 시절부터 러시아의 후진성을 인식하고 이에 대한 개혁이 필요하다고 생각하고 있었던 표트르 1세는 유럽식 제도들을 도입하여 국가를 발전시킴으로써 서유럽 지역과의 격차를 짧은 시간 내에 줄이려고 시도했다. 그러나 그의 급격한 유럽화 정책은 기존 질서 속에서 권력을 장악하고 있던 세력들의 강한 저항에 부딪혔다. 모스크바는 표트르 1세의 개혁정책에 반대하며 러시아적 전통과 관습의 유지를 지향했던 반대자들이 자신들의 세력 기반으로 삼고 있었던 곳이었다.[11] 이러한 이유로 표트르 1세는 구 지배세력이 장악하고 있던 모스크바는 자신이 계획하고 있던 개혁조치들을 실행하는데 있어 그리 적절한 장소가 아니라고 생각했으며,[12] 이에 따라 "...... 눈과 얼음으로 뒤덮인 황야를 개척하여 상트페테르부르크시를 세웠던 것이다. 네바강변에 성루를 쌓고 해군성을 설치하고 궁전을 만들어 제2의 수도로 삼았던 것이다."[13]

사실 상트페테르부르크가 위치한 지역의 자연적 · 지리적 조건은 러시아의 변화를 선도할 새롭고 근대적인 도시가 건설되기에 그리 적합하지 않았다. 이 도시는 오슬로, 코펜하겐, 헬싱키, 스톡홀름, 탈린 등과 함께 세계에서 가장 북쪽에 있는 수도들 중 하나로, 연평균 기온은 19세기 후반 40년간(1858-1897) 영상 3.7도에 불과했다. 1888-1897년의 10년 간 월평균 기온이 최저 영하 9.1도(1월)에서 최고 영상 18.4도(7월)였던 것에서 알 수 있듯이 전반적으로 여름에는 비교적 선선하고 겨울에는 비교적 온화했다. 해를 볼 수 있는 날도 그리 많지 않아서, 1896-1897년에 걸쳐 조사된 자료에 따르면 총 377일 중 흐린 날이 147일이고 비온 날이 194일이었던 반면 맑은 날은 36일에 불과했다. 재해도 빈발했는데, 가장 빈번하게 발생했고 피해도 컸던 것은 수해였다. 상트페테르부르크는 핀란드만 연안의 네바강 하구 지역에 위치해 있어 바람이 많이 부는 데, 이로 인해 도시는 매 해 물난리를 겪었다. 라도가호수에서 발원하여 상트페테르부르크를 가로지르는 네바강은 상류와 하류 사이의 낙차가 작아서 유속이 느린데, 이로 인해 발트 해로부터 강력한 서풍이 불어오면 강물이 역류하여 시내로 유입되었던 것이다.[14] 이러한 악조건에도 불구하고 이 지역에 '유럽으로 열린 창(окно в Европу)'[15]으로서 상트페테르부르크를 건설하였을 뿐만 아니라 심지어 수도로 삼았다는 것은 표트르가 제정 러시아 개혁 모델로서의 유럽화와 이를 통한 러시아 근대화를 얼마나 원했으며, 그 진원지로서 상트페테르부르크를 얼마나 중요하게 생각했는지를 잘 알 수 있다.

표트르 1세의 유럽화 정책을 상징하고 있는 것으로 그 무엇보다 먼저 들 수 있는 것은 '상트페테르부르크'라는 이 도시의 명칭이다.[16] 상트페테르부르크가 자리 잡고 있는 네바강 하류 지역은 원래 스웨덴의 잉게르만란드(Ingermanland) 지역이었다. 이 지역은 중세 이래로 스웨덴과 러시아가 소유권을 놓고 격돌해온 곳으로, 노르만 이동기에 그 일파인 바랴크(варяг)들이 발트해 동부에 있는 필란드만을 지나 네바강을 거슬러 노브고로트로 진출한 9세기 이래로 바다로 나가려는 러시아와 발트해 유역을 통제하려는 스웨덴이 지배권을 놓고 다투던 곳이었다. 리보니아 전쟁과 '동란 시대(Смутное время)'를 거치면서 한동안 스웨덴이 네바강 하구에 대한 지배권을 장악했지만, 북방전쟁 초기인 1703년에 러시아군이 점령한 후에는 표트르 1세의 명으로 러시아 요새가 건설되었다.[17] 이 요새는 상트피테르부르흐(Санктпитербурх)[18]라고 불렸는데, 이 명칭은 네덜란드어 'Sint-Pitersburg'에서 온 말이다. 러시아를 개조하는 것에 대해 고민하며 유럽을 순방하던 시기에 표트르 1세는 네덜란드에 머물며 선박 건조 등 당시 서유럽의 여러 문물들을 습득하는 기회를 가졌다. 이때 그는 네덜란드의 앞선 문화에 크게 감화를 받았으며, 이러한 영향으로 자신이 세운 이 도시에 네덜란드 식 명칭을 붙이게 되었다. 앞서 네덜란드를 방문한 후 이 도시에 온 구메도 상트페테르부르크의 도시정비가 "네덜란드의 수도를 모방"한 것처럼 보인다고 말하면서, 다음과 같이 그 이유를 유추하고 있다: "표트르 대제는 네덜란드에서 조선술을 배웠기 때문에 그 수도의 도시정비나 규제도 네덜란드의 것을 배웠을 것이다."[19] 이후 도시 명칭은 요새를 중심으로 도시가 확장되던 1720년에 오늘날과 같은 상트페테르부르크(Санкт-Петербург)로 바뀌게 되는데, 이 또한 러시아어가 아니라 독일어인 'Sankt-Petersburg'에서 온 것이다.[20]

'상트페테르부르크'라는 명칭은 유럽어에서 따왔다는 점에서 유럽화를 통한 러시아 개혁에 대한 표트르 1세의 의지를 의미하는 것일 뿐만 아니라, 이러한 개혁을 추진한 표트르 1세 자신을 표상하는 명칭이기도 하다. '상트페테르부르크'는 '성(聖) 표트르의 도시'라는 의미인데, 여기에서 '표트르'는 예수의 제자들 중 한 명이자 표트르 1세의 수호성인인 베드로의 러시아어 표기이다. 이에 따라 상트페테르부르크에 들어 있는 표트르라는 명칭은 그리스도교 성자인 베드로와 러시아 군주인 표트르 1세를 모두 가리키는 중의적 표현이라 할 수 있다. 그리고 이러한 의미에서 '상트페테르부르크'는 '성(聖) 베드로의 도시'일뿐만 아니라, 해석에 따라서는 '(군주) 표트르의 거룩한 도시'이기도 하다.[21]

실제로 일부 학자는 표트르 1세가 모스크바가 가지고 있던 정치적·행정적 지위뿐만 아니라 종교적 위신까지도 상트페테르부르크로 옮기려 했다고 주장한다. 러시아 출신의 세계적인 언어학자이자 기호학자인 로트만은 러시아의 베드로인 표트르 1세가 세운 도시인 상트페테르부르크가 – 베드로가 기초를 세운 그리스도교 로마의 정통성을 잇고 있던 모스크바('모스크바 – 제 3 로마설')[22]를 대신해서 – '새로운 로마'로 승격된다고 설명하고 있다. 그에 따르면, 표트르 1세가 이 새로운 도시에 상트페테르부르크라는 명칭을 붙인 것은 이 도시에 종교적 의미에서의 새로운 로마라는 의미를 부여하려는 의도에 따른 것이다. 로트만은 이러한 자신의 주장을 상트페테르부르크 시 문장(紋章)에 대한 분석을 통해 뒷받침하고 있다. 즉, 두 개의 닻이 교차하고 있는 상트페테르부르크 시장(市章)은 두 개의 열쇠가 교차하고 있는 교황령의 국장(國章)에서 모양을 따온 것으로, 천국 문을 여는 도구인 열쇠와 종교적으로 구원과 신앙을 상징하는 닻은 표트르 1세 당시 문화풍조인 바로크 상징주의의 이중성을 감안한다면 어렵지 않게 연결 지어 생각할 수 있는 표상들이었다는 것이다.[23]

상트페테르부르크가 러시아 제국의 새로운 수도로 자리 잡기 위해서는 보다 분명한 종교적·정치적·공간적 장치들이 필요했다. 먼저 상트피테르부르흐 요새 안에 있는 표트르파벨 성당(Петропавловский собор)이 상트페테르부르크와 표트르 1세와 관련하여 가지는 상징성에 주목할 필요가 있다. 상트페테르부르크 최초의 교회[24]인 이 성당은 1703년 6월 29일(구력[25])에 건설되기 시작했는데, 이 날은 표트르 1세의 수호 성자인 성 베드로의 축일이다. 성당이 위치하고 있는 자야츠섬(Заячий остров)은 상트페테르부르크 건설 초기에는 이 새로운 수도의 중심지로 계획되어 있었던 곳이었다. 그러나 시간이 흐르며 도시는 팽창했고, 스웨덴 위협도 감소했으며, 홍수피해 등과 같은 열악한 자연 조건과 섬이라는 제한된 공간 조건 등이 인식되면서 도시 중심지는 넵스키 대로 주변으로 옮겨가게 되었다. 그럼에도 불구하고 상트페테르부르크를 대표하는 건물이라는 표트르파벨 성당의 상징성은 표트르 1세 이후로도 지속되었는데, 그 이유는 이 건물이 표트르(베드로)라는 명칭을 가지고 있으며 도시에서 가장 오래된 건축물들 중 하나이기 때문이기도 하지만, 무엇보다 이 성당이 황실 무덤의 역할을 하게 되었기 때문이었다. 키예프 루시의 동북부지역이 모스크바 공국을 중심으로 통합된 이래로 러시아 군주의 시신은 모스크바 크레믈 안에 있는 우스페니예 성당(Успенский собор)에 안장되었다. 군주 시신의 안장지라는 역할은 모스크바가 수도로서 가지는 정통성과 위상을 뒷받침하는 주요한 상징이었다. 그런데 표트르 1세 이후로는 상트페테르부르크에 있는 표트르파벨 성당이 황실묘지 역할을 하게 된 것이다. 실제로 19세기 중반에 상트페테르부르크를 방문한 구메도 이 성당에 이미 "황제 황후의 묘가 12기"나 존재[26]하고 있다고 기술하고 있다. 그 결과 황실묘지로서 표트르파벨 성당의 위상은 상트페테르부르크가 모스크바를 대신해서 러시아 제국의 실질적인 중심지 역할을 하게 되었다는 정통성을 확립하는데 크게 기여했다.[27]

러시아 제국의 수도로서 상트페테르부르크의 정통성을 상징했던 것이 표트르파벨 성당이었다면, 스웨덴을 비롯한 외국 세력에 대해 새로운 수도와 그 주변 지역에 대한 러시아 지배의 정당성을 상징한 것은 알렉산드르넵스키 수도원이었다. 표트르파벨 성당이 황실 가족의 무덤 역할을 하게 됨으로써 수도로서 상트페테르부르크의 위상은 시간이 흐를수록 강화되어 가나, 이것은 표트르 1세가 사망한 이후 오랜 시간에 걸쳐 진행될 일이었다. 반면 18세기 초에 이 새로이 건설되고 있는 도시를 국가 수도로 지정하고 그 위상을 확립하기 위해 표트르 1세는 당대에 사용할 수 있는 정치적 · 종교적 상징을 필요로 했다. 새로운 수도는 러시아의 다른 유서 깊은 도시들과 견줄 수 있는 역사적 · 종교적 배경은 물론이고, 대외적으로는 이 도시가 서 있는 땅에 대한 권리를 주장할 수 있는 정치적 근거를 필요로 했다. 이러한 문제를 해결하기 위해 표트르 1세는 알렉산드르 넵스키(Александр Невский)의 유골을 상트페테르부르크에 건설된 알렉산드르넵스키 수도원(Александро-Невский монастырь)[28]으로 옮겨왔다. 1710년 6월에 당시 스웨덴 영토였던 븨보르크(Выборг)를 함락시킴으로써 상트페테르부르크에 대한 안전을 담보할 수 있게 되자, 표트르 1세는 이 승리를 기념하여 네바강 연안에 수도원을 건설할 것을 결정했다. 그리고 새로 건설될 수도원을 13세기 중반에 네바강 연안에서 스웨덴 군을 격파했던 노브고로트 대공 알렉산드르 넵스키를 기념해서 알렉산드르넵스키 수도원이라고 명명했다. 또한 1724년에는 노브고로트에 있던 알렉산드르 넵스키의 유골을 이 수도원으로 이장했다. 네바강 유역을 지배했던 노브고로트 공국의 지배자로 1240년에 이 지역을 침략한 스웨덴 군대를 격파한 것으로 유명한 알렉산드르 넵스키는 이러한 공적으로 사후 러시아 정교회에 의해 성인으로 시성되었다. 이렇듯 상징성이 큰 알렉산드르 넵스키의 유골이 안장되면서 상트페테르부르크는 새로운 수도로서의 격이 높아지는 두 가지 아우라를 획득하게 되었다. 즉, 정교회의 성인이 안치된 도시라는 종교적 배경과 노브고로트 공국의 후계자인 러시아가 이 지역에 대한 지배권을 가지고 있다는 정치적 정당성을 가지게 된 것이다.

종교적 · 정치적 정당성을 확보한 후, 보다 정확하게는 이러한 작업과 병행하며 표트르 1세는 상트페테르부르크를 자신이 지향하는 유럽화된 러시아의 중심이자 상징으로 만드는 작업을 진행했다. 이에 있어 무엇보다도 선결되어야할 과제는 새로운 러시아 국가의 국력을 대외에 과시하고 새로이 확보한 영토를 수호할 수 있는 근대적 군대의 양성이었다. 북방전쟁 초기 스웨덴과 치른 나르바 전투에서의 참패로 표트르 1세는 강병의 양성이 무엇보다 필요하다고 생각하게 되었으며, 이에 따라 군대를 유럽식 제도에 따라 구성하고 훈련하며, 최신 무기를 갖추는데 커다란 관심을 쏟았다.

이러한 표트르 1세의 군대 개혁 중에서 무엇보다도 두드러졌던 것은 당시까지 러시아에는 존재하지 않았던 해군 창설이었다. 가깝게는 스웨덴과 벌이고 있던 북방전쟁에서의 승리를 위해, 그리고 보다 본질적으로는 해상 무역로의 확보와 해양을 통한 대외진출을 위해 해군은 반드시 필요한 사항이었다. 이를 위해 1704년 11월 5일에 표트르 1세는 해군 육성의 중심 본부이자 군함을 건조하는 해군공창의 역할을 겸하는 것으로서 네바강 연안에 해군성(Адмиралтейство) 건물을 수축하기 시작했다.[29] 건립 초기 해군성은 그 중심에 목조 첨탑이 세워진 긴 직사각형 형태의 목조건물이었으며, 그 주위는 흙으로 된 장벽으로 둘러싸여 있었다. 이후 1711-1718년에 해군성 건물은 보다 확장되어서 네바강과 접하는 면을 제외한 세 방향으로 건물이 들어섰다. 그리고 그 주위로는 6개의 보루를 가진 흉벽을 세우고 돌과 석판을 입힌 호를 둘렀다. 그 결과 이 건물은 표트르(Петр) 1세의 러시아어 이름에서 첫 번째 철자인 "П"가 옆으로 약간 눌린 형태를 띠게 되었다([그림 1] 참조). 바로 이곳에서 러시아 최초이자 유럽식으로 설계된 군함

▲ [그림] 표트르 1세 시기 해군성(1716년)
* 출처: Пыляев М. И., *Старый Петербург: Разсказы из былой жизни столицы*. СПб.: Типография А. С. Суворина, 1889, с. 19.

인 폴타바(Полтава) 호가 1709년 11월에서 1712년 6월 15일에 걸쳐 건조되었다. 그리고 이를 시작으로 1718년까지 이곳에서는 전함 40척과 갈레선(галера) 300척이 만들어졌다. 표트르 1세 치세 말년에는 함정의 수가 1718년에 비해 약 20퍼센트 더 증가했는데, 여기에는 모두 2,106문의 함포가 설치되었고, 이것들을 운영하기 위해 14,960명의 수병이 양성되었다.[30]

표트르 1세에 의해 시작된 러시아 해군은 19세기 후반에 가면 당시 최강의 해상국가였던 영제국이 경계할 정도로 전력이 확대되었다. 구메는 상트페테르부르크 근교에 있는 콜피노(Колпино) 마을에 위치한 제철소를 방문한 4월 8일 일지[31]에서 당시 러시아 해군의 상황에 대해 이야기하고 있다. 그에 따르면, 당시 러시아 해군은 25척의 장갑함을 포함해서 총 262척의 군함, 3,791명의 사관과 6만 명의 수병을 보유하고 있었다. 그리고 이를 기초로 발트해와 흑해에 각각 한 개씩의 함대를 두고, 그 아래 소함대를 카스피해, 아랄해, 시베리아 연안에서 운용하고 있었다. 구메가 보기에 당시 러시아의 해군 전력은 양적인 면에서 뿐만 아니라 질적인 면에서도 서유럽 국가들과 견줄 수 있는 수준이었는데, 그 예로 당시 러시아의 군함건조 기술 수준을 들 수 있다. 이와쿠라 사절단이 방문했던 시기 즈음에 러시아 해군은 상트페테르부르크의 크론슈타트(Кронштадт)에서 최신식 장갑함을 자력으로 건조했는데, 이에 대해서는 이전까지 러시아 해군 군비 수준을 한 수 아래로 보고 있던 영국조차 주목할 정도였다.[32]

상트페테르부르크는 또한 러시아에 근대적 경제 구조를 도입하는 통로 역할도 했다. 무엇보다도 무역이 강조되어서 도시건설 초기부터 네덜란드의 항구도시들 처럼 교역 중심지 역할을 하도록 계획되었다. 실제로 표트르 1세는 상트페테르부르크의 명칭이나 도시계획뿐만 아니라, 그 기능에 있어서도 네덜란드 도시들을 본받아서, 이 도시를 러시아 대외 무역의 중심지로 활성화시킴으로써 "제 2의 암스테르담"으로 만들려고 했다.[33] 이를 위해 도시건설 초기부터 외국 선박의 정박을 유도하는 정책을 펼쳤는데, 그 한 방법으로 상트페테르부르크에 들어오는 세 번째 선박까지 상금을 지급하는 포상금정책을 시행했다. 1703년 11월에 상트페테르부르크 항이 만들어진 이래 첫 번째 외국선박으로 네덜란드 배가 내항하자 주청사(州廳舍)에서는 이를 축하하는 기념식이 열렸다. 여기에서 당시 상트페테르부르크 주지사였던 멘쉬코프(А. Д. Меньшиков)는 이 배 선장에게는 금화 500개를, 선원들에게는 각각 30예피모크(ефимок)[34] 씩을 상금으로 지급했다. 그리고 이에 더해 이들에게 두 번째와 세 번째로 입항하는 배에도 각각 금화 300개와 150개를 포상할 것이라고 말해줌으로써 외국 선박이 상트페테르부르크로 오도록 유도했다.[35] 외국인과 교역할 상인 또한 육성할 필요가 있었다. 그러나 새로운 도시에서 상인층이 자연스럽게 형성되는 데에는 많은 시간이 필요했기에, 표트르 1세는 칙령을 반포하여 모스크바를 비롯한 기존 도시들에 거주하는 상인들을 새로운 수도로 이주시켰다. 그 결과 1710년 칙령을 통해 모스크바의 5개 주요 상인가문들[36]이 이주했고, 연이어 1712년, 1714년, 1716년, 1717년에 내려진 칙령을 통해 다른 많은 상인들을 상트페테르부르크로 끌어 모았다.[37]

산업 발전에도 관심을 기울였다. 표트르 1세 시기에 상트페테르부르크에서는 주로 중공업, 특히 무기관련 산업이 중점적으로 육성되었다. 구메는 4월 5일자 일지에서 상트페테르부르크에 있는 탄약제조공장에 대해 이야기해주고 있다. 그의 일지에 공장 명칭이 나와 있지는 않으나, 그 규모로 볼 때 이것은 표트르 1세가 1711년에 세운 주물공장(литейный двор)[38]으로 보인다. 주로 대포를 비롯한 무기를 생산하는 용도로 건설된 이 공장은 이후 점차 그 규모가 확장되어서, 1714년과 1715년에는 완성된 총기류와 대포를 보관하는 구대포창(Старый пушечный двор)과 신대포창(Новый пушечный двор)이 건설되었고, 1730년에는 관리처가 마련되었다. 그리고 이 건물들을 중심으로 주변에는 이곳에서 일하는 노동자들의 거주지가 형성되었다.[39] 이와쿠라 사절단이 방문한 19세기 중반에도 이 공장에서는 많은 무기들을 생산하고 있었다. 구메에 따르면, 당시 이곳에서는 500마력에 달하는 증기기관을 비롯한 150대의 기계, 200명의 숙련공, 기타 소년공들이 하루 6만발의 탄약을 생산하고 있었으며, 시설확충을 통해 하루 25만발을 생산하려는 계획을 가지고 있었다.[40] 이 외에도 제당업, 제지업, 식품업 등 경공업 공장들도 있었으나, 18세기 후반까지도 상트페테르부르크는 중공업 중심 도시였다.[41]

## 5. 아우라 잇기: 근대 도시 상트페테르부르크의 아우라 표트르 1세

표트르 1세 사망 이후에도 상트페테르부르크는 제정 러시아의 수도라는 지위를 유지했다.[42] 수도 경쟁에서 상트페테르부르크가 모스크바에 승리할 수 있었던 것은 이 도시가 유럽 국가로서의 러시아, 근대화 그리고 절대군주제라는 제정 러시아의 지향점들을 상징하는 곳이었기 때문이었다. 반면 모스크바는 러시아의 전통적인 면들, 즉 종교적 중심지, 은퇴한 늙은 귀족들의 거주지, 비 유럽적이고 때에 따라서는 반 유럽적이며 가부장적 질서가 지배하는 도시였다.[43] 이렇듯 상트페테르부르크가 정치와 행정의 중심지, 근대적 산업과 유럽식 개혁의 중심지로 인식될 수 있었던 것은 무엇보다도 이 도시의 건설자인 표트르 1세의 영향이 크다. 상트페테르부르크를 건설하고 이곳을 수도로 삼기 위해 표트르 1세는 무엇보다도 이 도시에 유럽적 제도와 건물, 군대를 만들었다. 그러나 표트르 1세가 새롭고 유럽적인 것만 이 도시에 들여온 것은 아니었다. 상트페테르부르크에 제국 수도의 지위를 부여하기 위해 그는 러시아 역사의 과거 전통, 즉 알렉산드르 넵스키의 이장 사건에서 알 수 있듯이 모스크바국의 과거 역사로부터 정치적 전통과 종교적 아우라를 가져왔다. 허허벌판에 세운 새 도시에 권위를 부여하기 위해 그는 동원할 수 있는 모든 것을 사용해야만 했다. 그러나 그의 후계자들에게는 더 이상 이러한 수고가 필요치 않았다. 추종자에게는 새로운 러시아를 건설한 신과 같은 존재로 추앙받았고, 반대자에게는 러시아 전통의 파괴자로서 또 다른 의미에서의 신과 같은 존재, 즉 적그리스도로 공격받게 된[44] 표트르 1세 자신이 아우라로서 상트페테르부르크의 정통성을 보장해 주었기 때문이었다. 그의 후계자들은 이 위대한 정복자이자 개혁가를 기념하고 그의 이상에 따라 상트페테르부르크를 서구적인 제도와 건축물로 장식하면 되었다.[45]

표트르 1세의 후계자들은 상트페테르부르크에 '대제'가 완수하지 못한 유럽화의 상징물들을 하나씩 채워나갔다.[46] 그 결과 19세기에 이 도시는 유럽 어느 도시 못지않게 서유럽적인 도시가 되어 있었으며, 1873년에 이와쿠라 사절단이 상트페테르부르크를 방문했을 때 제정 정부는 아시아의 먼 동쪽 끝에서 온 소국 사절단에게 이 도시 곳곳에 새겨진 빛나는 근대화의 정수들을 보여주며 러시아 근대화의 수준을 자랑할 수 있었다.

먼저 도시 내에는 다양한 종류의 박물관들이 만들어졌다. 구메가 남긴 기록에는 나와 있지 않으나, 상트페테르부르크에는 러시아 최초의 박물관인 쿤스트카메라(Кунсткамера)가 있다. 표트르 1세의 명으로 1718-1734년 사이에 건설된 이 박물관 내에는 자연과학 관련 수집품이 전시되어 있다.[47] 구메의 기록에는 "농업박물관", '에르미타슈', "광산학교박물관" 등 세 곳이 거명되고 있다. "농업박물관"은 1859년에 개관한 '(황립)농업박물관(Музей (Императорский) сельскохозяйственный)'을 말하는 것으로 보인다. 이 박물관은 전시 주제에 따라 크게 두 부분으로 구분되었는데, 하나는 농업이고 다른 하나는 농업관련 기계 및 기구였다.[48] 구메는 이곳에 전시된 물품들 중 특히 농업용 기구와 기계에 관심을 보이면서, 일본도 가능한 빠른 시일 내에 이러한 도구를 도입할 필요가 있다고 적고 있다.[49] 농업박물관을 방문한 같은 날 이와쿠라 사절단 일행은 "왕궁 내의 보물창고를 둘러보았"는데, 건물의 지리적 위치와 형태, 소장품 등으로 보아 '에르미타슈(Эрмитаж)' 박물관으로 보인다. 예카테리나 2세의 개인 소장품 전시장에서 시작된 이 박물관은 이후 유럽을 비롯한 해외 여러 나라에서 구입과 기증 등을 통해 소장품을 모았다. 구메는 이곳에 진열된 그림, 조각, 세공품, 보석 등에 대해 기술하고 있으며, 특히 예카테리나 2세가 영국에 주문하여 들여온 공작 모양의 시계[50]를 관심 있게 살펴보고 있다.[51] "광산학교박물관"은 예카테리나 2세의 명으로 1773년에 창립된 '광산학교(Горное училище)'[52] 내에 개설된 박물관으로 보인다. 구메는 이곳에 기계 모형, 각국 광산 모형, 러시아와 해외 각지에서 수집한 각종 광물들, 그리고 또한 공룡 뼈를 비롯한 화석 등이 전시되어 있다고 기술하고 있다.[53]

산업시설로는 "조폐국", "탄약제조공장", "지폐인쇄국", "콜피노 제철소", "군복봉제공장", "오브코프씨의 제철소" 등을 살펴보았다. 상트페테르부르크 "조폐국(Монетный двор)"은 1724년에 표트르 1세의 명으로 표트르파벨 요새 안에 만들어졌다.[54] 이곳에서는 금화와 은화 같은 경화를 제조했는데, 앞서 미국과 서유럽 각국에서 조폐국을 보았던 구메에게는 커다란 인상을 줄 정도로 대단한 모습은 아니었다.[55] "탄약제조공장"은 앞에서 기술한 주물공장(литейный двор)으로, 이곳을 살펴본 후 구메는 "러시아에서의 병기제조가 매우 성한 모습"이라고 기록하고 있다.[56] 4월 7일에는 "지폐인쇄국"을 방문했다. 구메는 이곳에 대한 인상이 매우 깊었던 것으로 보인다. 이곳의 규모가 다른 나라와 비교할 수 없을 정도로 크다고 말하면서, 이곳에서 진행되고 있는 지폐 제작 과정을 매우 상세하게 설명하고 있다. 그러나 이와 함께 러시아에서는 지폐 발행이 통제되지 않음으로 인해서 화폐가치가 매우 낮다는 점 또한 지적하고 있다.[57] "콜피노 제철소"는 앞에서 살펴본 '이조라 제철소'[58]이다. 구메는 이곳에서 주로 전함 용 장갑판을 생산하고 있다고 말하면서, "놋쇠관", "철사슬" 등 이곳에서 생산되는 주요 제품의 생산과정을 비교적 상세하게 기술하고 있다.[59] 4월 10일에는 "군복봉제공장"을 방문했다. 군에 납품하는 군복과 군화를 제작하는 이 공장을 방문한 후 구메는 군복 제조를 위한 공장이 일본에도 필요하다고 강조하고 있다.[60] 이른바 "오브코프씨의 제철소"는 상트페테르부르크 근교에 있는 알렉산드르 마을(Александровское село)에 위치한 '오부호프 주강공장(Обуховский сталелитейный завод)'을 말한다. 오부호프는 1860년에 러시아 최초로 강철 대포를 주조한 사람으로, 이 성공을 기반으로 알렉산드르 마을에 무기제조를 위한 공장을 건설했다. 이 때 건설비용 부족으로 국가로부터 3백만 루블을 차용하게 되는데, 이에 따라 국가가 공장 운영에 직접적으로 간여할 수 있게 되었다. 그리고 마침내 1886년이 되면 국가가 공장 지분 전부를 인수한다.[61] 이와쿠라 사절단이 이 공장을 방문한 1873년은 공장이 국가소유가 되기 전이긴 하나, 공장 운영에 국가가 주도적으로 참여하고 있던 시기이다. 구메는 이 공장에서 주로 소총과 대포를 제조하고 있다고 말하면서, 많은 일이 인력으로 해결되고 있다는 점과 규모가 서유럽에서도 비교할 대상을 찾기 힘들 정도로 크다는 점을 특징으로 들고 있다.[62]

교육, 의료, 사회보장 관련 시설로는 "도서관", "보육원"과 "농아학교", "의학교"를 둘러보았다. 지폐인쇄국을 방문한 날인 4월 7일에 이와쿠라 사절단 일행은 도서관도 방문했다. 구메가 남긴 기록의 내용으로 추정컨대, 이곳은 황립공공도서관(Императорская публичная библиотека)[63]으로 보인다. 예카테리나 2세 치세 말기에 건립이 결정된 황립공공도서관은 1801년에 건물이 완공되었으나 오랫동안 공공도서관으로 개관하지 못하고 있었다. 그러다 알렉산드르 1세 시기인 1810년에 마침내 운영을 시작했으며, 나폴레옹 전쟁을 치른 후인 1814년에 공식적으로 개관했다.[64] 구메의 기록에 따르면 이와쿠라 사절단이 방문하고 있던 당시 이 도서관에는 고대 이집트와 터키의 문서들을 비롯해서 러시아 국내외에서 발행된 도서가 약 100만권 소장되어 있었다. 이곳은 공공도서관이었기에 모든 사람이 이용할 수 있었으며, 12,000명을 수용할 수 있는 규모였다.[65] 4월 9일에는 "보육원"을 방문했다. 구메에 따르면, 정부가 설립한 보육원들 중에는 러시아 것이 가장 큰데, 건물은 청결했고 보육도 체계적으로 매우 잘 이루어지고 있었다. 문제는 이곳이 예외적인 시설이었다는 사실이었다. 당시 러시아에서는 연간 약 7천명의 아이들이 버려지고 있으며, 그 결과 보육을 필요로 하는 고아가 시설 수용 인원보다 많았다. 이에 따라 정부에서는 보육원에서 6주간 보호한 후 농촌 민가에 일정한 비용을 지급하고 양육을 위임했다. 이러한 이유로 당시 "보육원"에 있던 아이는 250명에 불과했으며, 민가에 보내진 아이는 약 25,000명에 달했다. 보육원과 함께 방문한 "농아학교"에서는 남녀 학생 180명이 발성, 수화, 체조, 공예, 요리 등을 배우고 있었다.[66] 4월 11일에 방문한 "의학교"는 '황립내과 · 외과아카데미(Императорская медико-хирургическая академия)'[67]인 것으로 보인다. 당시 러시아는 물론이고 전 유럽적으로도 여자가 의대에서 공부할 수 있는 곳은 '황립내과 · 외과아카데미'가 거의 유일했다.[68] 구메는 이곳에서 여자 의학생을 보았다고 기록하면서 "유럽에서는 여성이 대학에 들어가는 것은 러시아와 스위스뿐"이라고 덧붙이고 있다. 또한 이 학교에는 여학생 외에도 몽고인과 만주인 같은 아시아계 의학생도 있었다. 이러한 시설과 학생으로 구성된 당시 러시아의 의료 수준에 대한 외부의 평가는, 구메에 따르면, 매우 좋았다.[69]

이렇듯 상트페테르부르크는 러시아의 근대성을 보여주는 여러 다양한 기구들과 건물들의 총합이자 제국의 중심지가 되었는데, 이 모든 것의 배경에는 표트르 1세와 러시아 근대화에 대한 그의 열망이 놓여있었다. 이러한 이유로 이 도시 내에는 이를 드러내는 표트르 1세와 관련된 상징들이 만들어지고 보존되었다. 무엇보다도 위대한 황제가 빛나는 수도를 건설하던 초기에 기거하던 초라한 목조건물은 성지와 같은 곳이었다. '표트르 1세의 오두막(Домик Петра I)'이라고 불리는 이 소나무로 된 통나무집에서 표트르 1세는 도시건설이 시작된 1703년부터 겨울궁전(Зимний дом)이 완공되고 수도가 상트페테르부르크로 이전되는 1712년까지 10여 년간 거주했다. 이 집의 크기는 길이 16 3/4 아르쉰(аршин)[70], 넓이 7 1/2아르쉰, 높이 3 1/2아르쉰에 불과하며, 구조는 현관, 집무실, 식당, 침실로 매우 단출하다.[71] 표트르 1세는 이곳에서 기거하며 상트페테르부르크 건설을 구상하고, 도시의 토대를 놓고, 최초의 건축물들을 짓는 것을 지휘했다. 러시아를 제국의 반열로 올려놓게 될 이 통치자는 자신의 위명에 맞지 않은 초라한 곳에서 새롭고 유럽적인 도시건설이라는 대업을 추진했던 것이다. 이렇듯 상트페테르부르크와 제국의 후계자들에게 있어 매우 의미 깊은 이 건물이 표트르 1세 사후 몇 차례에 걸쳐 홍수피해를 입게 되자 역대 황제들은 이 건물을 보존하기 위해 여러 차례에 걸쳐 보수 및 보완 작업을 했다. 옐리자베타(Елизавета)황제는 석조 회랑을 수축해서 홍수로부터 보호하는 조치를 취했다. 1844년에는 이 회랑이 아치형의 건축물로 대체되고 기초가 보강되었으며, 1852년에는 철제 격자창이 부설되었다. 알렉산드르 2세(Александр II) 시기인 1874년에는 건물 주위로 조그마한 공원이 조성되고 표트르 1세의 흉상이 건립되었으며, 알렉산드르 3세 시기에는 이곳에서 행해지고 있던 정교회 성무의 원활한 진행을 위해 두 채의 부속건물이 건설되었다.[72] 알렉산드르 2세가 행한 개보수작업이 있기 한 해 전인 1873년에 러시아 제국의 수도를 방문한 이와쿠라 사절단도 이곳을 살펴본 후 다음과 같이 그 감회를 드러냈다: "이 황제가 네덜란드에 가서 조선공이 된 뒤 스웨덴 왕에게 이겨 러시아의 대제로 추앙받기에 이르기까지 얼마나 자신을 독려하며 여러 고생을 이겨냈는지 그 모습은 이 좁은 거처를 보아도 알 것 같았다. …… 이 구옥은 현재 개축하여 옛 정취는 없다. 그 외 가리개건물을 세워 회랑을 지켜주고 있다. 그 주위에는 작은 정원도 있는데 실로 서양에서는 드물게 보는 왜소한 집이었다."[73] 이 외국 사절단이 단 한 번의 방문에서 이미 느끼고 있는 것처럼 농부나 기거할 만한 이 누추한 집은 표트르 1세가 얼마나 어려운 조건 속에서 이 훌륭한 도시를 건설했는지를 역설적으로 보여주는 경배의 장소가 되었다.

표트르 1세를 기념하는 청동제 기념동상은 상트페테르부르크의 상징이자 아우라로서 표트르 1세가 가지는 위치를 분명하게 보여주고 있다. 푸슈킨이 1833년에 쓴 작품 명칭을 따 '청동기사'라는 별칭으로도 불리는 이 동상은 예카테리나 2세 시대인 1782년에 상트페테르부르크의 원로원 광장(Сенатская площадь)에 제막되었다. 거대한 뱀을 짓이기고 있는 오른쪽 뒷발굽과 그 옆의 왼 뒷발굽에 의지하여 한껏 가슴을 내민 채 하늘 높이

앞발을 치켜들고 있는 말 위에서 머리에 월계관을 쓴 황제가 왼팔로는 고삐를 거머쥐고 앞으로 내 뻗은 오른팔로는 사방을 제압하며 네바강 너머 서북방을 응시하고 있는 이 기념동상은 '상트페테르부르크의 창건자', '북방의 패자', '러시아의 개혁자'라는 표트르 1세를 수식하는 말들을 응축해서 표현하고 있다. 그러나 그를 찬미하는 무리만큼이나 많은 수의 반대자를 또한 만들어내었던 이 러시아 최초의 황제에 대한 평가는 각자의 입장에 따라 표트르 1세 자신은 물론이고 그의 상징물에도 동일하게 적용되었다. 로트만은 상트페테르부르크가 '영원한 도시 로마'와 '멸망할 운명의 로마인 콘스탄티노플'이라는 두 가지 이미지를 가지게 되었다고 설명하면서, 표트르 1세 기념동상 또한 이러한 표상 속에서 양가적으로 해석되고 있음을 보여주고 있다. 그에 따르면, 한편으로 "바로크 상징학의 전통 속에서 팔코네트의 기마상 말발굽 밑에 깔린 뱀은 외부의 적들과 내부의 개혁 반대파가 뾰뜨르 대제에게 가한 방해, 적의, 질투 등에 대한 진부한 풍유이다."[74] 반면 표트르 1세의 반대편에 있던 이들에게 있어 이 동상에서 볼 수 있는 모든 것들, 즉 표트르 1세와 그가 타고 있는 말, 그리고 말발굽에 밟힌 뱀은 종말과 적그리스도에 대한 상징이기에, "이러한 맥락에서 말과 기마상과 뱀은 상호 대리적인 것이 아니라 함께 세상의 끝을 알리는 발현의 세부 묘사를 구성한다."[75] 우리의 논의와 관련하여 중요한 것은, 당시 세간의 언쟁들이 그것이 황제를 칭송하는 것이든 저주하는 것이든 상트페테르부르크는 곧 표트르 1세의 최고 창조물이자 그가 추구했던 이념을 표상하는 것이라는 데 동의하고 있다는 점이다.

표트르 1세 이후 상트페테르부르크는 그 자체가 하나의 종교적-도시공학적 작품으로서 아우라를 가지게 되었다. 즉, 전통적인 의미에서의 종교적 아우라는 이제 '신화적 존재', 또는 '적그리스도'라는 새로운 종교와 연관된 근대화의 아우라로 교체되었던 것이다. 그것은 표트르의 아우라, 군주정의 아우라, 종교적 아우라, 근대화의 아우라, 수도의 아우라였다. 도시는 이러한 아우라들과 관련된 건축물들로 덧입혀졌다. 그 자신이 새로운 아우라의 근원이 된 표트르 1세와 관련된 기념물에서 시작해서, 산업화와 관련된 시설, 의료 · 교통[76] · 교육 · 조폐 · 병기 등과 관련된 시설이 시간 경과와 함께 도시의 빈 공지를 채워나갔다. 표트르 1세가 완수하지 못하고 남겨 놓은 빈 땅에 지어진 이러한 시설들은 표트르 1세 이래로 그의 후예들에 의해 계속해서 수행된 일종의 아우라 잇기 작업이었다. 표트르 1세 이래로 제정 러시아의 통치자들은 상트페테르부르크를 러시아 근대화의 표상으로 만들고, 이를 대외에 과시하고자 했다. 이를 위해 도시를 유럽적 근대 도시가 갖추어야 만 한다고 생각한 시설들로 채워나갔다. 즉, 자신들이 생각하기에 그리고 외부에서 보기에 근대도시의 필수 시설물이라고 여겨졌던, 때에 따라서는 러시아의 현실과 동떨어지고, 거대하고 화려하나 실용적이지는 않은, 그리고 가장 급박한 요구물이라고 볼 수 없다 할지라도, 이러한 것들 – 즉, 아우라(들) – 에 집착하며 갖추려고 애썼다.

## 6. 흔적 읽기: 이와쿠라 사절단이 읽어 낸 제정 러시아의 전근대적 유산

상트페테르부르크는 표트르 1세와 그의 후예들이 건설한 근대화의 상징들로 채워진 도시였다. 상징의 생성은 전통이 되었으며, 기념물, 산업시설, 병원 등과 같은 건축물들은 이러한 연장선상에서 이 도시 내에 구축되었다. 그러나 이처럼 빛나는 근대 건축물들의 뒤에는 그에 못지않게 커다란 그림자가 병존하고 있었는데, 그것은 이것들이 수많은 사람들의 희생 위에서 이룩되었다는 것이다. 이와 관련하여 지적해야만 할 것은 표트르 1세가 추진한 국가개조 정책들이 항상 개혁적 성향만을 띠고 있었던 것은 아니었다는 점이다. 러시아 근대화의 시작점인 표트르 1세 시기에 봉건적 신분제는 더욱 강화되어서, 모든 신민은 귀족, 명예시민, 상인, 도시소시민, 농민 등의 신분으로 분류되었다. 그리고 확립된 신분제 위에서 농민에 대한 국가와 귀족의 통제는 강화되었으며, 농노의 거주이전은 엄격하게 금지되었다. 이에서 알 수 있듯이 표트르 1세가 추진한 근대화 개혁들 중 가장 본질적인 부분에 속하는 사회개혁 부문에서 특별한 진전이 없었던 것은 그리 놀라운 일이 아니다. 모순처럼 보이는 이러한 전개가 가능했던 것은 개혁조치들을 포함한 표트르 1세의 모든 정책이 달성하려고 했던 목표가 국가를 구성하고 있는 공동체 구성원 개개인의 삶을 개선하는 것이 아니라 강력한 국가 건설과 전제군주권의 확립이었기 때문이었다.[77]

상트페테르부르크의 건설 과정은 표트르 1세가 추구한 전제군주정과 중앙집권화가 피지배민에게 무엇을 의미하는지를 보여준다. 상트페테르부르크 건설에는 많은 노동력이 소요되었다. 특히 건축 관련 기술자들에 대한 수요를 충당하기 위해 표트르 1세는 1710년에 러시아 각지에서 목수를 포함한 약 3000명의 건축기술자들을 모스크바 주에서 데려왔다. 전문인력의 동원은 때로 강제적인 방법으로 진행되었다. 예를 들어, 상트페테르부르크에 석조건물을 짓기 위해 임금 지불과 세금 감면이라는 조건을 달아 석공을 모집했으나 필요한 수가 충족되지 않자, 표트르 1세는 전국에 석조건축 금지령을 내려 다른 지역에서 석공이 고용될 가능성 자체를 없애버림으로써 필요한 노동력을 확보하는 방법을 사용했다.[78]

일반 일꾼들은 보다 강압적이고 열악한 조건 속에서 동원되었다. 상트페테르부르크 건설 초기에 주로 동원된 이들은 국경수비병, 스웨덴인 포로, 상트페테르부르크 근방 거주민 등이었다. 그러나 아무것도 없는 허허벌판, 그것도 강 하구와 바다가 만나는 개펄 위에 러시아 그 어디에서도 볼 수 없었던 가장 유럽적인 석조도시를 건설하는 것은 보다 많은 수의 노동력과 막대한 자금을 필요로 하는 일이었다. 표트르 1세는 이 두 가지 요소들을 확보하기 위해 러시아의 다수 구성원을 압박했다. 도시건설이 본격적으로 진행된 1709년에 표트르 1세는 칙령을 통해 키예프 주와 아조프 주를 제외한 러시아 전역에서 약 40,000명의 일꾼을 동원했다.[79] 이들은 상경하는 노정에서 음식을 제공받았으며 노동에 대한 대가로 월 1/2은루블(полтина)을 지급받았으나, 일 할 도구는 스스로 가지고 와야 했다. 그러나 이러한 동원으로도 일꾼 공급이 원활하게 이루어지지 않자 노동력 확보를 보다 체계적으로 진행하기 위해 "국가부역(Государственная повинность)"이라는 강압적인 방식이 채택되었다. 이에 따라 러시아 전국에서 매 35가구 당 1명 씩 일꾼을 제공하고, 일꾼을 제공하지 않는 나머지 34가구는 이를 대신해서 3알틴(алтын)[80]씩의 현금을 국가에 납부하라는 칙령이 내려졌다. 부역에 대한 이러한 요구는 시간이 지날수록 더욱 강해져서, 1712년부터는 매 11가구 당 1명씩 일꾼을 제공하고 일꾼을 보내지 않는 나머지 가구들은 가구 당 8-11루블의 현금을 납부하도록 강제되었다. 심지어 식민화를 위해 많은 인적 · 물적 투자를 필요로 하고 있었던 시베리아 지역 거주민도 노동력 대신 1인당 10루블의 현금을 납부해야 했다.[81] 그 결과 1712-1716년까지 150,000명의 일꾼과 1백만 루블 이상의 비용이 도시건설에 투입될 수 있었다.[82]

강조해야 할 것은 상트페테르부르크 건설과 관련된 이러한 일련의 동원이 대북방전쟁의 수행 및 이와 관련된 국가적 동원과 병행해서 진행되었다는 점이다. 평시에도 쉽지 않았을 막대한 양의 노동력과 금전의 전국적 동원이 스웨덴과 건곤일척의 대결을 벌이고 있던 전시 상황 하에서 진행되었던 것이다. 당연하게도 이러한 동원령이 아무런 무리 없이 수행될 수는 없었다. 칙령을 통한 표트르 1세의 요구에도 불구하고 동원된 일꾼에게는 입을 것과 먹을 것 그리고 잠잘 곳이 제대로 공급되지 않았으며, 일터에서는 많은 이들이 병을 얻고, 사망했다. 이러한 이유로 이미 상트페테르부르크로 향하는 노상에서부터 일꾼들의 도주가 빈번하게 일어났다. 이를 방지하기 위해 상트페테르부르크 건설을 위한 노동력으로 선발된 일꾼들은 귀족의 감독 · 감시 하에 있는 일정한 규모의 집단으로 편성되어 이동했으며, 만일 탈주자가 발생하면 집단 별로 연대책임을 져야 했다. 또한 지역에서 노동에 부적절한 사람이 일꾼으로 보내지자, 칙령을 통해 병들거나 연로하거나 연소한 자를 일꾼으로 선발할 수 없도록 했다. 이러한 조치들에도 불구하고 상트페테르부르크에 도착한 것으로 집계된 일꾼들 중 약 1/5은 도망자나 사망자, 또는 질병이나 장애 등의 이유로 노동에 투입할 수 없는 자였다.[83]

이렇게 죄수, 포로는 물론이고 수많은 러시아 신민의 피와 땀 덕분에 상트페테르부르크의 외관은 근대적 건축물들로 둘러싸여 갔으나, 이 도시를 움직이는 구조는 기존의 사회적 · 정치적 전통의 영향력 하에 있었다. 무엇보다도 상트페테르부르크는 지배자의 도시였다. 도시가 팽창하고 산업과 상업 시설이 늘어나면서 사람들이 제국의 나머지 지역으로부터 이 빛나는 땅으로 모여들기 시작했으며, 그 결과 상트페테르부르크의 인구는 빠르게 증가했다. 건설 초기인 1710년에 약 8,000명에 불과했던 인구는 페테르부르크를 요새도시에서 제국의 수도로 격상시키는 결정과 이에 따른 이주정책으로 빠르게 늘어났다. 황제의 지시에 따라 1714년에 귀족 350가구, 상인 300가구, 각종 장인 300가구가 이주한 이래로 거주민의 수는 1750년에 약 95,000명, 1800년에 220,208명으로 증가했다.[84] 19세기에 상트페테르부르크의 인구 증가 속도는 더욱 빨라져서, 알렉산드르 1세 치세 말기에 약 425,000명, 1869년에 667,963명, 그리고 러시아 최초의 전국단위 총인구조사가 실시된 1897년에는 1,132,677명으로 백만 명을 넘어서게 된다.[85] 그러나 인구적으로 이렇게 팽창하고 있던 상트페테르부르크에서 완전한 시민권을 누릴 수 있었던 사람은 황제를 정점으로 해서, 행정과 군무를 담당하는 귀족, 경제를 담당하는 상인과 장인, 국가 행정 실무진인 관료 등 소수에 불과했다. 반면 인구의 다수를 차지하고 있었던 도시 하층민의 삶은 매우 열악했다. 한 예로 19세기 후반까지도 상트페테르부르크에는 하수도시설이 갖추어져 있지 않았는데, 이로 인해 가장 큰 피해를 입은 것은 하층민이었다. 하수도시설이 갖추어져 있지 않았기에 오폐수가 네바강으로 직접 흘러들어갔으며, 정화시설의 낙후로 오염된 강물을 식수와 생활용수로 사용하곤 했던 서민 거주 지역에서는 질병이 만연했다. 이것은 행정 당국에서도 심각하게 생각했던 문제로, 1840년과 1847년에 상트페테르부르크에 거주하는 노동자 생활조건을 조사한 정부위원회는 인도적 차원은 물론이고 실용적인 차원에서도 서민 거주지에 대한 개선 작업이 시급하다고 지적했다.[86] 이에서 알 수 있듯이,

당시 상트페테르부르크에는 "〈자신의〉 뻬쩨르부르그[상트페테르부르크 – 인용자]에 대해 수호신의 역할을 담당하는, 혹은 〈내재하는 신〉으로서 자신의 창조물 안에 눈에 안 보이게 존재하는 뾰뜨르 대제[표트르 대제 – 인용자]의 뻬쩨르부르그가 존재했으며 또한 하급 관리, 빈민, 〈수도의 시민권 밖에 존재하는 인간〉의 뻬쩨르부르그(고골)도 존재했다."[87]

상트페테르부르크는 유럽적 외관과는 달리 정치적으로는 전제적이고 보수적인 권력 구조의 중심이었다. 이와쿠라 사절단 일행이 세계 각국을 순방하고 있던 19세기 중반 당시 서구 세계의 상황은 이와 달랐다. 절대군주정은 쇠퇴하고 있었으며, 국가 권력은 국민의 직 · 간접적인 통제를 받는 정치기구로 이전되고 있었다. 반면 러시아에서는 볼셰비키 혁명으로 제정이 몰락할 때까지 표트르 1세에 의해 확립된 황제를 정점으로 하는 중앙집권적 전제체제가 굳건하게 유지되었다. 사회적으로는 신분제 질서가 굳건하게 자리 잡고 있었으며, 심지어 1861년에 반포된 농노해방령으로 신분제가 철폐된 후에도 국가 구성원 중 절대 다수를 점유하고 있던 농민층의 삶은 이전에 비해 크게 개선되지 않았다. 실제로 1873년에 상트페테르부르크를 방문한 이와쿠라 사절단 일행은 1861년 이래로 알렉산드르 2세 정부가 추진하고 있던 근대화 개혁 과정을 직접 목도했다. 그런데 이러한 개혁 과정의 시발점인 농노해방령이 선포된 후 러시아 농민의 상황에 대해 구메는 "전국의 농민은 아직 대부분이 노예와 같은 상태에 있고, 자유를 얻은 자는 극히 소수"라며 매우 부정적으로 평가하고 있다.[88]

이와쿠라 사절단은 정교 전통 또한 러시아의 전근대성을 보여주는 주요한 지표라고 보았다. 이방인의 눈에 비친 러시아 정교는 매우 후진적 종교였다. 구메는 러시아 정교 신도들의 예배 행위와 신앙 양식이 일본

내에서 "진종(眞宗)[일본 불교 – 인용자]의 신자가 혼간지(本願寺)를 경배하는 것과 비슷"하다고 기술하면서, 이것을 매우 우매한 행위라고 비판하고 있다. 또한 표트르의 교회 개혁에 대해 말하면서, 결국 종교라는 것은 지배층이 우매한 피지배층을 확고하게 장악하기 위해 사용하는 도구에 불과한 것이라고 지적하고 있다.[89] 실제로 표트르 1세는 교회조직을 국가행정조직 속에 편재시키는 개혁[90]을 시행했다. 그러나 이것은 구메의 지적처럼 교회 자체를 개혁하기 위한 것이라기보다는 교회 조직을 국가의 통제하에 두려는 시도였다. 이에 따라 러시아인들 대부분에게 있어 삶의 양태를 결정짓는 중요한 요소들 중 하나였으며 이들 일생의 중요한 일들 대부분과 연관되어 있었던 러시아 정교는 표트르 1세의 교회개혁 이후에도 전통적인 신앙체계를 계속 유지했다.

경제적인 면에서도 19세기 중반 러시아는 아직 산업화된 국가로 부르기 어려운 수준에 있었다. 알렉산드르 2세의 개혁조치들에도 불구하고 제정러시아와 서유럽 사이의 격차는 쉽게 메워지지 않았다. 무엇보다도 광대한 영토를 유기적으로 연결해줄 교통망이 부실했다. 러시아의 전통적인 교통로인 운하와 도로는 충분히 건설되어 있지 않았으며, 새로운 교통수단으로 각광받기 시작하던 철도는 부설 정도가 서유럽 제 국가에 비해 매우 미약했다.[91] 이로 인해 자국 내에 풍부하게 매장되어 있는 철광석이나 석탄과 같은 원료를 자급하지 못하고 바다 건너 해외에서 배로 수입하는 불합리한 일이 벌어지고 있었다.[92] 경제 발전은 느리게 진행되었다. 공산품의 주요 소비자는 도시민이었는데, 이들이 소비하는 공산품은 서유럽에서 수입된 것들이었다. 반면 러시아에서 수출하는 제품은 농산품이나 축산품 등 주로 원재료나 반제품이었다.[93] 게다가 이 모든 수출입

물품의 수송은 러시아 선박이 아니라 영국, 네덜란드, 독일 등 외국 선박을 통해 이루어졌다.[94] 농민은 자립적 경제기반을 확보하지 못하고 있었다. 1861년 농노해방령으로 공식적으로 신분제가 철폐되었으나, 경제적 기반이 허약했던 농민은 계속해서 과거 자신의 주인이었던 지주와 국가에 의존할 수밖에 없었으며, 그 결과 실질적으로는 과거의 지배-피지배 관계가 지속되었다. 이에서 알 수 있듯이 이와쿠라 사절단이 방문했던 19세기 중반 제정 러시아에서 지배층과 피지배층 사이의 정치적 · 경제적 · 사회적 격차는 여전히 컸다.[95]

19세기 중반에 제정 러시아는 상트페테르부르크를 비롯한 몇몇 지역을 제외하면 전근대적 국가의 모습을 여전히 강하게 띠고 있었다. 이러한 이유로 상트페테르부르크는 오랫동안 제정 러시아의 다른 지역들과는 유리되어 있는 지역으로, 즉 러시아라는 바다에 고립되어 있는 섬으로 대내외에서 인식되고 있었다. 유라시아 대륙의 동쪽 끝 섬에서 1873년에 이곳을 방문한 일본사절단의 한 일원이 말하고 있는 것처럼, "이러한 황폐한 들판에 다만 이 수도[상트페테르부르크 – 인용자]만이 화려하고 장엄한 누각을 세워 거대한 도시를 이루고 있었다. 이 나라의 생활 정도는 다른 여러 나라와 정말 다르다는 것을 충분히 느낄 수 있었다."[96] 제정 러시아가 이룩한 근대화의 상징인 이 도시는 이것이 보여주고 있는 위대한 성과의 높이만큼 국가의 나머지 대부분 지역과 유리되어 있었던 것이다.[97]

## 7. 맺는 말

상트페테르부르크는 표트르 1세가 주도한 러시아의 유럽화를 상징하는 곳이자, 그의 개혁방안들이 고안되고 추진되었던 그리고 가장 먼저 적용되었던 곳이다. 그러나 이 도시는 통치자의 의지에 따라 아무 것도 없는 허허벌판 위에 인위적으로 건설된 돌로 된 성곽이었기에, 이곳에 새로운 수도라는 지위를 부여하고 그 정통성을 확립시키기 위해서는 기존의 정치적 권력과 종교적 위엄으로부터 권위를 빌려올 필요가 있었다. 이에 따라 표트르 1세는 알렉산드르 넵스키의 시신을 이장하고, 군주의 시신을 안치할 수 있는 장소를 마련함으로써 상트페테르부르크를 러시아의 새로운 중심지로 부상시켰다.

정치적 중심지의 지위를 확보한 상트페테르부르크는 본격적으로 러시아 근대화의 중심지 역할을 자임할 수 있게 되었다. 이 도시는 표트르 1세가 유럽화라는 자신의 이상을 네바강 하류 개펄 위에 물화(物化)시킨 피조물로서 그 안은 근대화에 대한 그의 집념과 관련된 상징들로 채워져 갔다. 그의 후예들도 표트르 1세의 뜻을 이어 이 도시를 유럽적 기구들과 건물들로 채워나갔다. 그 결과 상트페테르부르크는 러시아가 유럽의 일원이라는 사실과 러시아가 이룩한 근대화의 수준을 대표하는 도시가 되었다. 그리고 이 도시를 만들고 이 도시를 근대화의 상징으로 부상시킨 표트르 1세는 경외의 대상이 되었으며, 상트페테르부르크를 비추는 아우라로서 그 권위의 원천이 되었다.

그러나 러시아 근대화의 상징으로 계획된 표트르의 도시도 제국 전반에 남아있는 전근대의 유산을 덮을 수는 없었다. 이와쿠라 사절단이 방문한 19세기 중반의 제정 러시아는 봉건적 유제와 전근대적 제도들이 여전히 상존하고 있던 곳이었다. 1861년 개혁 직전까지도 러시아에서는 농노제가 유지되고 있었고, 산업화는 더디게 진행되었으며, 대외교역은 원료 중심으로 이루어졌다. 상트페테르부르크에 각종 근대적 기구들과 건물들을 건립했던 통치자들은 이와 동시에 러시아 내에 봉건 체계를 확립하고 강화하는데 진력했다. 그 결과 상트페테르부르크와 러시아의 나머지 부분 사이에 놓여있던 간극은 시간이 흐를수록 더욱 커져갔다. 즉, 상트페테르부르크는 근대화라는 이름으로 제정러시아를 치장하는 아름다운 보석이되었으나, 이 보석을 둘러싸고 있는 제국 전반의 현실은 과거의 진흙 뒤집어쓴 그대로였던 것이다.

이러한 부조화, 즉 상트페테르부르크를 둘러 싼 눈부신 아우라와 전근대의 유산에 여전히 깊이 빠져있는 제국 전반의 어두운 상황은 외부에서 온 여행자에게 더욱 강렬하게 인식되었다. 이와쿠라 사절단이 경험한 상트페테르부르크는 제정러시아 전체의 일반적 상황과는 유리되어 있는 러시아 근대화의 고립된 섬이었으며, 무언가 어설픈 면이 보이는 곳이었다. 사실 어찌 보면 이러한 모순이 러시아 통치자들로 하여금 유럽화라는 아우라에 더 집착하게 했을지도 모른다. 구메는 러시아인에게 상트페테르부르크를 서구 주요 도시들과 비교하며 칭찬할 때 이들이 보이는 반응에 대해 기술하며 이를 다음과 같이 평가하고 있다: “상트페테르부르크의 건축은 런던과 파리와 비교해 보아도 손색없는 미관을 자랑한다. 이러한 점을 러시아인들에게 칭찬을 하면 놀라워하고 기뻐하는 모습이 보기에 지나칠 정도였는데, 러시아인들이 런던이나 파리를 마치 신선들이 사는 곳으로 생각하는 경향이 있다는 것을 알 수 있었다.”[98]

상트페테르부르크는 제정 러시아의 근대화와 유럽화를 상징하는 곳이었다. 즉, 상트페테르부르크는 표트르 1세 이래로 제정 러시아의 통치자들과 지배집단이 외부에 보여주고 싶었던 근대화된 러시아를 상징하는 대표적인, 그리고 유일한 지역이었다. 그러나 상트페테르부르크는 제정 러시아 근대화의 발화지가 되지는 못했다. 그 이유는 상트페테르부르크를 중심으로 제정 러시아 근대화가 다른 지역으로 확산되지 못했기 때문이다. 이러한 의미에서 제정 러시아 지배층에게만 열린 공간이었던 상트페테르부르크는 인구의 다수를 차지하고 있었던 농민에게는 아우라로 둘러싸인 공간이었다. 제정러시아의 이러한 현실을 간파한 이와쿠라 사절단은 당시 일본인이 러시아에 대해 가지고 있던 두려움과 강국 이미지가 잘못된 정보에 근거한 과장된 인식이라는 사실을 지적하며, 제정 러시아 자체는 극복할 수 있는 대상이라고 판단하게 되었던 것이다.

---

1 대북방전쟁(Великая Северная война)이라고도 한다.

2 러시아 최초의 국가인 키예프 루시는 일체화된 단일 국가가 아니라 다양한 지역 세력들의 총합체였다. 그러나 이러한 지역 세력들은 몽골 지배기를 거치면서 크게 두 국가로 통합되는데, 하나는 서부의 리투아니아 대공국(Великое княжество Литовское)이고, 다른 하나는 동부의 모스크바 대공국(Великое княжество Московское)이다. 이 중 모스크바 대공국은 이반 4세 시기에 킵차크 칸국의 영향력에서 벗어나면서 완전히 독립된 국가로 성장하게 되는데, 러시아 역사에서는 이때부터 표트르 1세 시기에 러시아 제국을 선포하는 시점까지를 '모스크바국(Московское государство)' 시대라고 지칭하고 있다.

3 발터 벤야민(Walter Benjamin, 1892~1940)은 유대계 독일인으로, 철학자, 문학평론가, 번역가로 활동하다 독일에 나치 정권이 수립되자 프랑스로 탈출한다. 그러나 프랑스 또한 나치 독일의 공격을 받게 되자 미국으로 탈주하기 위해 에스파냐 입국을 시도하나 거부당한다. 이에 좌절한 그는 1940년에 자살함으로써 생을 마감한다. 《기술복제시대의 예술작품(Das Kunstwerk im Zeitalter seiner technischen Reproduzierbarkeit)》, 《역사의 개념에 대하여(Über den Begriff der Geschichte)》, 《아케이드 포르젝트(Das Passagen-Werk)》 외에 다수의 저작을 남겼다.

4 이에 대해서는, 기계형, 「18-19세기 이중수도의 형성: 상뜨 뻬쩨르부르그와 모스끄바」, 『서양사론』, 88, 2006, 32-34쪽; 박지배, 「18세기 전반 러시아 국가의 수도 페테르부르크의 근대성」, 『역사문화연구』, 46, 2013, 94-95쪽; 박지배, 「표트르 시기 러시아 절대국가의 형성과 귀족 및 농민 신분의 제도화」, 『역사학보』, 208, 2010, 170-171쪽; 방일권,

「뻬쩨르부르그의 발전과 도시 건축」, 『외대사학』, 9, 1999, 79쪽 등을 참조하라.

5 이혜순, 「여행자 문학론 시고 - 비교문학적 관점에서」, 『비교문학』, 24, 1999, 64–65쪽.

6 박삼헌, 「책을 내면서」, 구메 구니타케, 『特命全權大使 米歐回覽實記』, 서민교 역, 『특명전권대사 미구회람실기』 4, 소명, 2011, 4쪽.

7 구메 구니타케, 『미구회람실기』 4, 135–136쪽.

8 방일권, 「뻬쩨르부르그의 발전과 도시 건축」, 79쪽, 특히 각주 5). 경제적 중요성을 강조한 이로는 골리코프(Голиков И.), 푸슈킨(Пушкин А. С.), 아니시모프(Анисимов Е.) 등을, 정치적 측면을 강조한 이로는 클류첸스키(Ключевский В.), 프레드테첸스키(Предтеченский А. В.), 마브로딘(Мавродин В. В.) 등을, 문화적인 면을 강조한 이로는 구밀료프(Гумилев Л. Н.), 카간(Каган М.) 등을 들 수 있다.

9 몸메 브로더젠, *Walter Benjamin*, 이순예 역, 『발터 벤야민』, 인물과 사상, 2007, 189–190쪽.

10 심혜련, 「발터 벤야민(Walter Benjamin)의 아우라(Aura) 개념에 관하여」, 『시대와 철학』,12(1), 2001, 159–160, 165–167쪽; 박설호, 「발터 벤야민의 "아우라" 개념에 관하여」, 『브레히트와 현대연극』, 9, 2001, 129–131, 133–134, 140–141쪽.

11 기계형, 「18–19세기 이중수도의 형성: 상뜨 뻬쩨르부르그와 모스끄바」, 49–50쪽.

12 박지배, 「18세기 전반 러시아 국가의 수도 페테르부르크의 근대성」, 96–97쪽.

13 구메 구니타케, 『특명전권대사 미구회람실기』 4, 2011, 74–75쪽.

14 "Санкт-Петербург," *Энциклопедический словарь* / Издатели: Ф. А. Брокгауз, И. А. Ефрон, Т. XXVIIIA (СПб., 1900), pp. 297, 299–300, 302–303.

15 이 말은 푸슈킨(А. С. Пушкин)이 쓴 '청동 기사'에 나오는 한 구절에서 연원했다: "바로 이곳에 우리는 도시를 건설하리라 / 적개심에 불타 오만불손한 이웃을 향해. / 우리는 이미 운명 지어져 있도다 / 여기 바닷가에 굳건히 발을 딛고 일어서서 / 유럽으로 나아가는 창문을 이곳에 내도록."

16 로트만은 기호학적 도시 분석의 두 영역으로 "공간으로서의 도시"와 "이름으로서의 도시"를 들고 있다(로뜨만, 「뻬쩨르부르그의 상징학과 도시 기호학의 제 문제」, 유리 로뜨만 외, 러시아시학연구회 편역, 『시간과 공간의 기호학』, 열린책들, 1996, 44쪽). 이에서 알 수 있듯이 도시의 명칭은 그 도시의 형성과 발전과 관련된 가장 중요한 기호이자 상징이다.

17 상트페테르부르크 건설과 관련된 보다 자세한 사항에 대해서는 М. И. Пыляев, *Старый Петербург: Рассказы из былой жизни столицы*. СПб.: Типография А. С. Суворина, 1889, с. 3–10; "Санкт-Петербург," op. cit., с. 291–293; 박지배, 「뻬쩨르부르그의 발전과 러시아 경제」, 1999, 109–115쪽을 보라.

18 예를 들면, 표트르 1세는 아프락신(Ф. М. Апраксин) 백작에게 보내는 1703년 7월 1일자 편지에서 발신지를 "상트피테르부르흐(Санктпитербурх)"라고 밝히고 있다. *Письма и бумаги императора Петра Великого, т. 2 (1702–1703)*. СПб.: Государственная типография, 1889, с. 204. 상트피테르부르흐 요새, 즉 오늘날 상트페테르부르크 요새(Санкт-Петербургская крепость)는 표트르파벨 요새(Петропавловская крепость)의 공식 명칭이다.

19 구메 구니타케, 『특명전권대사 미구회람실기』 4, 78쪽.

20 상트페테르부르크라는 도시 명칭은 1914년까지 사용되다, 1차 세계대전 발발 후 독일과 적대관계에 놓이게 되면서 페트로그라드(Петроград)라는 러시아어 명칭으로 바뀌게 된다.

21 로트만, Iu. M. · 우스펜스키, B. A., 「표트르 대제의 이데올로기에 나타난 〈모스크바–제3로마〉 개념의 반향」, 로트만 · 우스펜스키 · 리하초프, 김희숙 외 역, 『러시아 기호학의 이해』, 민음사, 1993, 268쪽.

22 비잔티움 제국이 멸망한 후 모스크바 대공국에서는 일부 정교 성직자들이 모스크바를 세 번째 로마라고 주장하기 시작했다. 이들의 주장에 따르면, 첫 번째 로마는 이탈리아에 있는 로마이나 로마 제국 몰락과 함께 종교적 중요성을 상실했고, 두 번째 로마는 비잔티움 제국의 수도인 콘스탄티노플인데 이 역시 1453년에 오스만 제국에게 점령됨으로써 그리스도교 중심지로서의 수명을 다하게 되었다. 그리고 이러한 상황에서 '신성한' 로마의 역할을 수행할 자격을 가지고 있던 곳으로는 모스크바만 남았기에, 모스크바야 말로 세 번째 로마라는 것이다. 이것이 러시아 역사에서 언급되는 '모스크바 - 제 3 로마설'이다.

23 로트만, Iu. M. · 우스펜스키, B. A., 「표트르 대제의 이데올로기에 나타난 〈모스크바–제3로마〉 개념의 반향」, 268–268쪽.

24 이러한 이유로 상트페테르부르크 시의 건설 시점을 상트피테르부르흐 요새, 즉 표트르파벨 요새(Петропавловская крепость)를 건설하기 시작한 1703년 5월 16일이 아니라 표트르파벨 성당을 건설하기 시작한 1703년 6월 9일로 보는 견해도 있다. 이에 대해서는 "Санкт-Петербург," *Энциклопедический словарь / Издатели: Ф. А. Брокгауз, И. А. Ефрон. Т. XXVIIIA. СПб., 1900*, с. 292를 참조하라.

25 그리스도교가 전래된 이래로 러시아에서는 신이 세상을 창조한 시점부터 시작되는 창세력을 사용해 왔으나, 표트르 1세 시기에 유럽식 역법인 서력기원이 도입되어 사용되기 시작했다. 그런데 이 때 종교적인 이유로 인해 유럽 중세 시기에 나온 그레고리우스력이 아니라 고대 로마 시대에 만들어진 율리우스력을 받아들인다. 이로 인해 러시아 달력은 오류를 교정한 그레고리우스력과 비교해 볼 때 13일 정도의 오차가 발생하게 되었는데, 이를 구력이라고 한다.

26 구메 구니타케, 『특명전권대사 미구회람실기』 4, 100–102쪽.

27 로트만, Iu. M. · 우스펜스키, B. A., 「표트르 대제의 이데올로기에 나타난 〈모스크바–제3로마〉 개념의 반향」, 272–273쪽.

28 현 '알렉산드르넵스키 대수도원(Александро-Невская лавра)'이다.

29 Петров П. Н., *История Санкт-Петербурга с основания города до введения в действие выборного городского управления, по учреждениям о губерниях. 1703–1782*. СПб.: Типография Глазунова, 1884, с. 45, 46. 반면 필랴예프는 해군성 수축 시점을 1705년으로 제시(Пыляев М. И., *Старый Петербург: Разсказы из былой жизни столицы*. СПб.: Типография А. С. Суворина, 1889, с. 17.)하고 있다. 이러한 차이는 페트로프가 해군성 수축을 위한 기반시설 건축을 시점으로 잡고 있는 반면, 필랴예프는 해군성 본 건물의 건축을 시점으로 잡음으로써 나타난 것으로 생각된다.

30 Пыляев М. И., op. cit., 17–20.

31 구메 구니타케, 『특명전권대사 미구회람실기』 4, 114쪽. 구메는 여기에서 제철소 이름을 말하고 있지 않으나, 내용상 콜피노에 있는 이조라 제철소(Ижорский завод)로 생각된다. 이조라 제철소는 표트르 1세 시기 – 구메는 예카테리나 2세 시기라고 쓰고 있으나, 이는 잘못된 사실이다 – 에 상트페테르부르크에서 선박 건조를 할 때 필요한 자재들을 생산하기 위해 건설되었다. 이곳에 제철소가 만들어지면서 마을이 형성되기 시작했는데, 이것이 콜피노 마을이다.

32 앞의 책, 2011, 118–119쪽.

33 Пыляев М. И., op. cit., с. 15; 박지배, 「뻬쩨르부르그의 발전과 러시아 경제」, 『외대사학』 9집, 1999, 115–118쪽.

34 독일지역을 중심으로 서유럽에서 통용되던 은화인 탈러(thaler)에 대한 당시 러시아 명칭이다. 당시 시세로 1예피모크는 러시아 화폐로 0.5루블에 상당했다.

35 Петров П. Н., *История Санкт-Петербурга с основания города до введения в действие выборного городского управления, по учреждениям о губерниях. 1703–1782*. СПб.: Типография Глазунова, 1884, с. 41.

36 이 때 이주한 5개 상인가문은 니코노프(Никонов), 다닐로프(Данилов), 발킨(Вялкин), 오레슈니코프(Орешников), 야블로츠니코프(Яблочников)이다. Ibid., с. 88.

37 박지배, 「뻬쩨르부르그의 발전과 러시아 경제」, 1999, 117쪽.

38 현 '조병창(造兵廠, Арсенал)'이다.

39 "Арсенал", *Санкт-Петербург. Петроград. Ленинград: Энциклопедический справочник*. М.: Большая Российская Энциклопедия. 1992.(http://dic.academic.ru/dic.nsf/enc_sp/116/%D0%90%D1%80%D1%81%D0%B5%D0%BD%D0%B0%D0%BB, 검색일: 2014.07.22.). 이 공장은 1799년 이래로 아르세날(Арсенал)이라는 명칭을 갖게 되었다.

40 구메 구니타케, 『특명전권대사 미구회람실기』 4, 2011, 106–107쪽.

41 박지배, 「뻬쩨르부르그의 발전과 러시아 경제」, 121쪽.

42 상트페테르부르크는 표트르 1세가 실질적으로 이곳을 수도로 삼은 1712년부터 1728–1732년을 제외한 제정 러시아아 대부분의 시기와 내전 초기인 1918년에 볼셰비키가 모스크바로 수도를 이전할 때까지 국가 최고 중심지의 지위에 있었다.

43 기계형, 「18–19세기 이중수도의 형성: 상뜨 뻬쩨르부르그와 모스끄바」, 46쪽.

44 "Петр I Алексеевич Великий", *Энциклопедический словарь* / Издатели: Ф. А. Брокгауз, И. А. Еврон. Т. XXIIIA. СПб., 1898, с. 494.

45 피에르 하트, 「서구」, Nicholas Rzhevsky, *The Cambridge Companion to Modern Russian Culture*, 최진석 외역, 『러시아 문화사 강의: 키예프 루시부터 포스트소비에트까지』 (그린비, 2011), pp. 150–151.

46 표트르 1세는 상트페테르부르크의 기초자이자 설계자였으나, 생전에 자신이 계획한 상트페테르부르크의 실제 모습을 완성된 형태로 보지는 못했다. 방일권, 「뻬쩨르부르그의 발전과 도시 건축」, 86쪽.

47 Кириков, Б. М., *Архитектурные памятники Санкт-Петербурга. Стили и мастера*. СПб.: Белое и черное, 2003, с. 66.

48 "Музей (Императорский) сельскохозяйственный", *Энциклопедический словарь* / Издатели: Ф. А. Брокгауз, И. А. Еврон. Т. XX. СПб., 1897, с. 137.

49 구메 구니타케, 『특명전권대사 미구회람실기』 4, 88–91쪽.
50 '파블린(Павлин, 공작시계)'이라 불린다.
51 구메 구니타케, 『특명전권대사 미구회람실기』 4, 92–96쪽.
52 현 '국립광물원료〈광산〉대학(Национальный минерально-сырьевой университет ≪Горный≫)'의 초기 명칭이다.
53 구메 구니타케, 『특명전권대사 미구회람실기』 4, 125–127쪽.
54 "Монетные дворы", *Энциклопедический словарь* / Издатели: Ф. А. Брокгауз, И. А. Еврон. Т. XIXA. СПб., 1896, с. 76.
55 구메 구니타케, 『특명전권대사 미구회람실기』 4, 104–105쪽.
56 앞의 책, 106–107쪽.
57 앞의 책, 109–112쪽.
58 본 글의 주 31)을 참조하라.
59 구메 구니타케, 『특명전권대사 미구회람실기』 4, 114–118쪽.
60 앞의 책, 123–125쪽.
61 "Обуховский сталелитейный завод", "Обухов (Павел Матвеевич)", *Энциклопедический словарь* / Издатели: Ф. А. Брокгауз, И. А. Еврон. Т. XXIA. СПб., 1897, с. 599, 600.
62 구메 구니타케, 『특명전권대사 미구회람실기』 4, 131–132쪽.
63 현 러시아국립도서관(Российская национальная библиотека)이다.
64 "Библиотека", *Энциклопедический словарь* / Издатели: Ф. А. Брокгауз, И. А. Еврон. Т. IIIA. СПб., 1892, с. 791.
65 구메 구니타케, 『특명전권대사 미구회람실기』 4, 2011, 112–113쪽.
66 앞의 책, 119–122쪽.
67 현 군의료아카데미(Военно-медицинская академия имени С. М. Кирова)의 과거 명칭들 중 이 시기에 불리던 것이다.
68 "Историческая справка об Академии"(http://www.vmeda.org/istoria_akadem.html) (검색일: 2014.07.30.)
69 구메 구니타케, 『특명전권대사 미구회람실기』 4, 2011, 129–130쪽.
70 아르쉰(аршин)은 러시아의 전통 척도단위로, 1 아르쉰은 약 71.12센티미터이다.
71 Ibid., c. 957.
72 "Домик Петра Великого", *Энциклопедический словарь* / Издатели: Ф. А. Брокгауз, И. А. Еврон. Т. XA. СПб., 1893, с. 958.
73 구메 구니타케, 『특명전권대사 미구회람실기』 4, 105–106쪽.
74 로뜨만, 「뻬쩨르부르그의 상징학과 도시 기호학의 제 문제」, 유리 로뜨만 외, 러시아시학연구회 편역, 『시간과 공간의 기호학』, 열린책들, 1996, 52쪽.
75 로뜨만, 「뻬쩨르부르그의 상징학과 도시 기호학의 제 문제」, 53쪽.
76 제국의 수도이자 근대화의 발원지로서 상트페테르부르크는 새로운 교통수단의 시작점이었는데, 철도가 그 대표적인 예라 할 수 있다. 19세기 후반 러시아는 이 새롭고 유용한 교통수단을 빠른 속도로 국가에 적용시키고 있었다. 그러나 늦은 시작과 광대한 영토로 인해 철도 발전 속도는 매우 느렸는데, 이에 대해서는 구메도 지적하고 있다(구메 구니타케, 『특명전권대사 미구회람실기』 4, 50–51쪽).
77 박지배, 「표트르 시기 러시아 절대국가의 형성과 귀족 및 농민 신분의 제도화」.
78 "Санкт-Петербург," op. cit., c. 293.
79 이들은 두 부분으로 나뉘어 교대로 투입되었는데, 첫 번째 투입 시기는 5월 1일에서 7월 1일까지였고, 두 번째 시기는 7월 1일에서 10월 1일까지였다.
80 알틴(алтын)은 제정 러시아 화폐단위로, 1알틴은 3코페이카와 동일한 가치였다.
81 각 지방은 일꾼과 자금 이 외에도 필요한 도구를 충당하기 위해 도끼 20,000자루, 대패날 5,000개, 정 5,000자루를 준비해야 했으며, 일꾼들에게 제공하기 위해 100,000체트베르티(четверть: 제정 러시아 무게단위로, 곡식 1체트베르티는 209.21그램이다)의 곡식을 마련해야만 했다.
82 "Санкт-Петербург," op. cit., c. 293.
83 Ibid., p. 294.
84 Л. Н. Семенова, *Быт и население Санкт-Петербурга (XVIII век)*. СПб., 1998, с. 5–6, 8.

85 "Санкт-Петербург," op. cit., c. 296, 304.

86 이규식, 「제정 러시아의 빈민굴 – 모스크바와 뻬쩨르부르그를 중심으로 –」, 『러시아연구』 3, 1993, 133, 141쪽.

87 로뜨만, 「뻬쩨르부르그의 상징학과 도시 기호학의 제 문제」, 63쪽.

88 구메 구니타케, 『특명전권대사 미구회람실기』 4, 53쪽.

89 앞의 책, 44, 61–62, 102–104, 106쪽.

90 러시아정교회는 표트르 1세 시기 교회개혁으로 총대주교좌(座)가 사라졌다. 1700년에 당시 총대주교였던 아드리안(Адриан)이 사망하자 표트르는 후임 총대주교를 선출하지 않고 총대주교 대행체제만을 추인했다. 그러다가 1721년에 일종의 국가기구인 신성종무원(Священный синод)을 설치함으로써 정교회를 국가와 군주의 통제 하에 완전히 귀속시켰다.

91 구메 구니타케, 『특명전권대사 미구회람실기』 4, 50–51쪽. 19세기 후반 러시아는 이 새롭고 유용한 교통수단을 빠른 속도로 국가에 적용시키고 있었다. 그러나 구메도 지적하고 있듯이, 러시아에서 철도 발전 속도는 늦은 시작과 광대한 영토로 인해 매우 느리게 진행되었다.

92 앞의 책, p. 106.

93 양승조, 「누가 산업화의 비용을 지불했는가? – 제정 말 산업화 시기 러시아 흑토지대에서 시장관계의 발전과 농민 경제상황의 변화 –」, 『서양사론』, 104, 2010, 특히, 262쪽 〈표〉 6 참조.

94 구메에 따르면, 이것은 부(富)가 토지에 기반을 두고 있는 전통적 지배집단인 귀족신분에 집중되어 있어서 선박구입과 같은 생산적인 부문에 투자되고 있지 못하기 때문이라고 설명하고 있다. 구메 구니타케, 『특명전권대사 미구회람실기』 4, 56–57쪽.

95 앞의 책, p. 53쪽.

96 앞의 책, p. 73쪽.

97 블라디미르 토포로프는, "뻬쩨르부르그 주제는 ...... 지나치게 이데올로기화"됨으로써 이곳을 극단적으로 이상화하거나 극단적으로 악마시하는 두 견해만 존재하게 되었으며 이러한 식의 극단적 분할로 인해 새롭거나 다른 시각들이 제기될 수 있는 여지가 사라졌다고 비판하고 있다 (블라지미르 또뽀로프, 「뻬쩨르부르그와 러시아 문학에 있어서의 뻬쩨르부르그 텍스트 – 주제의 소개」, 유리 로뜨만 외, 『시간과 공간의 기호학』, 72–75쪽). 그러나 이러한 비판에도 불구하고 제정 시기 상트페테르부르크가 차지하고 있던 러시아 근대화의 기수로서의 위치, 그리고 이 과정에서 러시아의 다른 지역들과의 사이에서 나타난 괴리의 증대는 부인할 수 없는 사실이었다.

98 구메 구니타케, 『특명전권대사 미구회람실기』 4, 81쪽.

# 도시와 행복

오층연

# 도시와 행복

## 1. 머리말

현대적인 삶의 특성인 기계화 · 자동화, 분업화, 복잡성, 편리성 등은 모두 도시화와 관련된다. 현대적인 삶의 특성을 이와 같이 정의하였을 때, 이를 지원해 주는 체계는 대부분 도시에서 발달하였기 때문이다. 그래서 대중은 현대화를 도시화와 무의식적으로 동일화한다. 사람들은 현대적인 삶이 편익을 가져다준다는 생각을 가지고 있으며, 이로 인해 의식적이든 무의식적이든 도시의 삶을 통해 양질의 삶을 구현할 수 있을 것으로 기대한다. 현대적인 삶에 대한 기대는 많은 인구를 도시로 모으는 이유이다.

그러나 여러 기관들의 조사는, 주거지의 도시화 정도와 행복감이 비례하지 않는다는 결과를 보여준다. 물론 계층에 따라 다른 양상으로 나타나겠지만, 도시민 다수의 평균적인 삶이 행복의 기대치에 미치지 못하는 이유에 대해서 생각해 볼 필요가 있다.

1970년대부터 50년 가까이, 가장 가난한 나라에 속했던 대한민국은

---

* 이 글은 숭실대학교 인문과학연구소의 『인문학연구』 46집에 실린 「도시와 행복」을 본서에 옮긴 것입니다. 단, 본서의 특징에 맞게 제목을 재구성하고 사진을 첨부하는 등 약간의 수정을 가했음을 밝혀두는 바입니다.

세계 10위권의 경제규모를 가진 나라로 급속하게 성장하였다. 이 맥락으로 산업화와 도시화를 함께 겪었다. 그런데 우리의 삶의 질에 관련된 지표들은 경제 · 산업의 지표들에 걸맞다고 보기 어렵다. 2015년 World Happiness Report(이하 WHR)에 의하면, 2012년부터 2014년까지의 조사기간에 조사된 바로, 대한민국의 행복지수는 세계 158개 국가 중 47위이었다.[1] 36개 OECD 회원국 중에서는 국민들의 삶의 만족도가 26위로 하위권이다.[2] 최상위인 스위스를 10점으로 설정하고 최하위의 헝가리를 0점으로 놓았을 때, 4점이 겨우 넘는 점수이다. 또한 2015년 WIN/Gallup이 66개 국가를 대상으로 조사한 바에 의하면, 대한민국 국민의 행복감은 54위로 최하위권에 속한다.[3]

국내 기관의 조사에서도, 서울복지재단이 2007년 발표한 바에 의하면 스톡홀름, 토론토, 뉴욕, 런던, 파리, 베를린, 밀라노, 도쿄, 베이징 등 10개 도시 중에 서울시가 최하위인 10위를 차지했었다.[4] 당시의 1위인 스톡홀름의 점수가 80.08일 때, 서울의 점수는 63.64이었으며, 이는 67.76을 얻은 베이징보다도 4점이 낮은 것이었다. 이후에 서울시가 공개한 '시민행복지수'는 2016년 기준으로 6.97점으로 평가되어 있다.[5] 행복지수와 밀접한 관련이 있는 자살률은, WHO가 2015년도를 기준으로 발표한 결과로는 인구 10만 명당 28.3 명으로 조사 대상인 183개 국가 중 10위에 해당하며, 이는 OECD 회원국 최악의 자살률이기도 하다.

이 글에서는 세계 주요 도시의 거주민들이 느끼는 행복감에 대하여 지수화한 행복지수와 도시 환경과의 상관성을 고찰하였다. 여기서 주요하게 다룬 도시는, 대부분 필자가 여행하거나 거주했던 경험을 가진 곳이다. 이 글은 도시공학이나 환경공학의 관점에서 접근한 것이 아니거니와, 필자의 전문 영역도 아니다. 다만 한국인의 행복지수가 낮은 이유에 대해, 관련 지표들을 수집하고 자연환경 및 사회 · 문화적 의식구조가 관련되고 있음을 경험적으로 제기할 수 있었다.

지표들을 검토한 결과, 현대적이며 미적인 건축물과 도시 시설이 갖추어진 지역보다 인구밀도가 낮고 자연 환경이 좋은 지역의 행복감이 더 높았다. 특히 천연의 대규모 자연환경이 근교에 있는 도시가, 도심이나 근교에 인공적으로 공원을 조성한 도시보다 행복지수가 높았다. 한국 도시의 주민들이 느끼는 행복감과 밀접한 관계가 있는 것으로는, 지난 수십여 년 동안 진행된 경제 · 산업 및 국토 개발과 맞물린 문화 · 환경적 요인이 특정되었다. 한국인은 가족을 중심으로 배타적이고 단단한 결속을 이루고 있는데, 불안정한 사회에 기인하고 있었다. 이것이 다시 사회적 지원에 대한 무책임, 소득 분배의 실패 및 대기업에의 지나친 자본 집중 등과 관련되는 양상을 보이고 있다.

## 2. 세계의 행복지수와 지역 특성

### 2.1. 북미

2013년 OECD 조사에 의하면 미국인의 삶에 대한 만족 지수(Life satisfaction index)는 10을 만점으로 했을 때, 7.5에 해당한다. 이는 조사된 35개 회원국 중에 14위에 해당한다.[6]

주별 행복지수를 보았을 때, 흥미로운 점은 서부의 인구밀도가 낮은 지역의 행복도가 높다는 것이다. 유타주와 콜로라도주, 와이오밍주 등의 자연 경관 및 환경이 좋은 지역은 물론, 지역 대부분이 사막인 네바다주도 예외가 아니었다. 도시의 수로 볼 때는 행복지수가 높은 도시들이 캘리포니아와 콜로라도에 집중되어 있다. 캘리포니아 주의 도시로는 산타로사, 나파, 산호세, 산타크루즈, 산타바바라, 시미밸리 등을 꼽을 수 있고, 콜로라도 주의 도시로는 포트콜린스, 롱몬트, 라파예트, 볼더가 세계적으로 행복지수가 높은 도시로 꼽을 수 있다.

캘리포니아의 경우 전체적으론 상위권에 속해 있으나, 다양한 주거 환경이 복합된 지역이므로, 캘리포니아의 도시별 행복 지수를 검토하면 자연환경과 행복지수와의 상관성에 대해 보다 응축된 표본이 될 수 있을 것이다. 행복지수가 높은 도시들의 공통점은 국립공원 등의 접근하기 쉬운 대규모 자연환경이 주변에 있다는 점과, 도시의 규모가 중간급이거나 작다는 것이었으며, 인구밀도가 상대적으로 높지 않다는 점이다. 필자가 경험한 이 지역의 주민들은 일찍 하루 일과를 시작하여 오후 3시쯤이면 퇴근으로 주요 도로가 붐빈다. 하루의 일과 중 오후 시간을 개인이 사용할 수 있으며 주말에는 각종 취미 활동을 하는 등, 여가 시간을 한국과 비교할 때 양적이고도 질적인 면에서 훨씬 더 높은 수준이었다.

반면에 LA, 뉴욕, 시카고 등 대도시는 행복지수가 높지 않다. 이중에 가장 현대적인 도시 건축 등 도시화 지수가 높은 일리노이의 시카고의 경우도 예외는 아니었다. 교통이나 건축물, 대규모 소통 시설 등 도시 현대화가 잘 이루어졌다고 평가되는 곳일수록, 그리고 인구 밀도가 높고 도시 규모가 클수록 행복지수는 반비례하는 성향을 띠고 있었다.

한편, 캐나다의 도시들은 미국보다 전반적으로 높은 행복지수를 보이

▲ 시카고의 빌딩들
시카고의 빌딩들은 각각 현대적이고도 독특한 건축 디자인을 자랑하고 있다.

고 있다. 2014-2016년 캐나다의 행복지수 순위는 155개국 중 7위이다. 이웃 국가인 미국이 14위임에 비해서도 상당히 높다고 할 수 있다. 필자가 캐나다의 자연사 · 역사 박물관들을 답사한 경험으로는, 일반적으로 미국인들은 자신의 역사를 콜럼버스가 아메리카 대륙에 상륙하면서 부터로 인식하고 있는 반면에, 캐나다에서는 캐나다의 역사를 그들의 대륙에 아시아의 종족이 아메리카 대륙으로 건너온 때부터로 교육하고 있었다. 즉 캐나다인의 역사는 인디언의 역사로부터 시작한다. 이러한 의식적, 또는 무의식적인 학습은 캐나다에서 인종적 차별을 훨씬 덜 느끼게 하는 요소가 되었다. 필자가 처음 토론토 공항에 내려서 택시를 탔을 때, 택시 기사는 중동인이었다. 그는 캐나다가 자신에게 일자리를 얻게 해주고 삶의 터전을 마련하게 해주었다면서, 캐나다를 사랑한다고 하였다. 반면에, LA 공항에서 택시를 탔을 때, 마침 한인 택시 기사였는데 한국인들은 팁 문화가 익숙하지 않아서 팁을 주지 않는다면서 내릴 때 팁을 준

▲ 토론토의 공원에 있는 인디언 장승(토템폴)
캐나다인에게 인디언의 역사는 캐나다의 역사이다. 이러한 인식은 캐나다의 인종 정책과 밀접한 관련이 있다.

비하라는 당부를 했다.

앞서 언급한 2007년 서울복지재단에서의 조사에서 토론토는 조사대상 10개 도시 중에 스톡홀름에 이어서 2위에 순위가 매겨져 있었다. 그러나 캐나다 통계기관인 Statics Canada report(이하 SC)에서[8] 2009년부터 2013년까지 조사한 결과를 토대로 본다면, 캐나다 내에서 가장 행복도가 낮은 도시는 밴쿠버이며 토론토가 그 뒤를 잇는다. 앞서 말한 서울시의 발표가 무색하게도 토론토는 밴쿠버와 더불어 캐나다에서 가장 불행한 도시(the unhappiest city)였다. 더불어 생활표준연구 캐나다 센터(이하 CSLS)의[9] 조사 결과로는, 전국 행복도 조사를 토대로 토론토가 캐나다에서 가장 슬픈 곳(the saddest place)이 되었다. 한편, SC의 조사에서 가장 행복지수가 높은 지역은 퀘벡주의 사그네(Saguenay)였다.[10] 사그네는 면적 1,280km2에 인구 14만 6천8백여 명[2014년]의 크지 않은 도시로 km2당 인구밀도는 114명이다. 인구밀도로 보면, 밴쿠버의 5630명에 비해 1/50 수준이다.[11]

토론토 인구는 280만 9천여 명이며 면적 630㎢로 인구밀도가 ㎢당 4459명이다. 밴쿠버와 토론토는 캐나다에서 가장 번화한 도시들이라고 할 수 있지만 다른 나라의 대도시에 비하면 비교적 덜 밀집되어 있다. 다만 캐나다 내에서 인구밀도와 행복도와의 상관성이 높게 나타나고 있는 현상은 미국과 마찬가지이다. 비록 밴쿠버나 토론토가 캐나다 내에서는 낮은 행복도 평가를 받고 있으나, 필자가 경험한 바로는 상대적으로 안정되고 안전하며, 주민들은 친절했다.

### 2.2. 아시아

2017년 세계 행복 보고서를 토대로 보면, 대부분의 아시아 국가들의 행복도가 상승하는 추세에 있다. 중국의 경제 발전이 이를 견인하고 있는 것으로 보인다. 그러나 개개인의 삶의 질을 다른 방식으로 측정하면, 반드시 긍정적이라고 볼 수만은 없다.

2017년 세계 행복 보고서(WHR)의 155개 국가별 조사에서는 싱가포르의 행복도를 26위로 평가하였다. 이는 전년도보다 4위가 떨어진 것이지만, 여전히 의문은 남는다. 영국의 가디언지(the guardian)는 2012년 11월 21일 기사에서, 갤럽의 조사를 인용하면서 싱가포르를 세계에서 가장 정서적으로 메마른 나라라고 꼬집고 있다. 이 기사에서는, 싱가포르가 높은 소득과 낮은 실업률, 깨끗하고 안전한 사회 환경 등의 기준에서는 상위권에 속하지만, 과도한 노동과 직업 만족도를 부정적 요인으로 꼽았다.

싱가포르 당국은 2015년에 10-19세 청소년 중에 27명이 자살했으며 이는 2014년 13명의 두 배가 넘는다고 발표했다.[12] 싱가포르의 자살률은 세계적으로 높은 편이다. 2005년과 2006년에 인구 10만 명당 10명이 넘었으며, 이후 다소 줄어들다가 2012년 절정에 이르렀다. 2011년 인구 10만 명당 자살률이 8.13명에서 2012년에는 10.27명으로 급증하면서 사상 최다를 기록한 것이다.[13] 이 당시의 주요 증가 연령은 20대였다. 후술할 바이지만, 한국의 자살률은 싱가포르의 세 배에 육박한다. 싱가포르의 이러한 상황은 한국의 도시들과 유사한 패턴을 가지고 있다.[14] 과도한 노동 시간과 청소년에게 가중되는 직업 및 미래에 대한 압박 등에서 그러하다.

세계적인 대도시의 행복지수가 낮은 현상은 중국의 경우에도 마찬가지이다. 更多新闻은 청화대학교 과학기술실험실의 조사가 실시한 결과, 상하이는 베이징, 광저우, 선정 등의 다른 대도시와 더불어 중국내 도시 중에 행복지수가 100위 권 밖인 것으로 나타났다고 보도하였다. 이는 스촨성 남부의 루저우 시가 1위인 것과 대비된다.

2017년 WHR에서 말레이시아는 155개국 중 42위를 차지했는데, 전년도에 비해서 5개 순위를 뛰어 오른 것이다. 행복지구지표(Happy Planet Index)의[15] 평가체계에서 말레이시아는 46위이다. 필자가 경험한 말레이시아의 눈여겨 볼 도시로는 쿠칭(Kuching)을 들 수 있다. 쿠칭은 세계인이 찾는 말레이시아의 3대 도시 중 하나로, 보르네오 섬의 사라왁 주의 주도이기도 하다. 인구밀도는 ㎢ 당 1527명이며, 보르네오 특유의 자연환경을 염두에 둘 만하다. 쿠칭은 일본을 제외하고 아시아에서 가장 안전하고 편안하게 여행할 수 있는 곳으로 생각되었다. 이 도시 주민들은 대부분 여행객들에게 친절하였으며, 상인과 택시기사 등 관광업과 관련된 사람들도 대체적으로 정직하였다. 이 도시에서는 동남아시아의 다른 여행지에서 흔히 볼 수 있는 음식 값이나 택시 요금의 과다한 청구 등의 문제를 겪지 않았다. 중등학교까지의 교육 내용이 충실하여 시민의 평균 의식이 높은 편으로 생각되었다. 이곳 사람들은 사라왁의 언어를 사용하였으나 영어 교육이 질적으로도 잘 보급되어 주민들이 영어를 사용할 수 있다.

### 2.3. 유럽

북유럽은 행복지수가 전반적으로 높은 지역이다. 북유럽의 국가들과 도시들은 대체적으로 여러 조사에서 행복지수가 높게 평가된다. 2013-2015년 세계행복보고서는 행복지수가 높은 10개국을 덴마크, 스위스, 아이슬란드, 노르웨이, 핀란드, 캐나다, 네덜란드, 뉴질랜드, 호주, 스웨덴 순으로 발표했다. 이 중에 7개국이 북유럽 국가에 해당한다. 이들 나라의 공통된 특징은 '사회적 지원'과 '평등'으로 요약할 수 있다. 대부분의 보고서에서는 코펜하겐, 스톡홀름 등의 북유럽 지역을 세계 최고의 행복 도시로 꼽는다.

반면에 스페인이나 프랑스, 이탈리아 등 중남부 유럽의 도시들의 행복지수는 높지 않다. 로마나 파리는 역사적인 자원에도 불구하고,[16] 행복지수가 높지 않다. 파리의 경우, 자유로운 사상과 문화적 다양성을 가지고 있었지만 높은 우울증 발병율과 자살률을 보이고 있다. 눈여겨 볼 점은, 프랑스의 파리와 같이 개방적이고 다인종적인 국가나 도시의 행복지수가 LA와 마찬가지로 그리 높지 않다는 점이다. 이들 도시에서는 인종적 다양성이 인종의 평등으로 이어지지 않고 있는 것으로 보인다.

이는 한국의 다문화 정책에 대해 생각해 볼 여지를 준다. 한국의 다문화 정책은 평등이나 인권 등의 순수한 측면에서 시작된 것으로 보이지는 않는다.[17] 우리나라의 다문화 정책은  농촌의 결혼 이주나 기업에 저임금

노동력을 공급하기 위해 경제적으로 낙후한 국가의 인력을 수입하면서 이루어졌다고 볼 수 있다. 이들 외국 노동자들이 생활의 안정을 찾도록 지원하고자 함이 다문화 정책이지만, 그 유입의 원인이 저임금이라는 구조적 불평등을 전제로 하고 있다는 점에서 모순이다. 외국인 노동자 유입의 목적 자체가 기업의 생산성을 위한 것이며, 이는 원청업체의 다단계적 이익과 결부된다. 이러한 불평등한 구조는 외국인에 대한 대중의 부정적 인식과 맞물려, 사회적 불평등으로 악순환한다. 따라서 한국의 다문화 정책은 악과 악의 사이에서 더 나빠지지 않도록 시소를 타는 것과 같다. 처음부터 임금의 불평등을 전제로 시작된 다문화 문제는 해결점을 찾기가 어렵다. 근원적으로, 정부는 노동자의 임금을 적정 수준으로 끌어 올려서 내국인 고용에 더 많은 노력을 기울여야 한다. 불평등한 사회는 행복하지 않다.

## 3. 지역의 행복과 관련되는 것들

행복지수를 계정하는 다양한 지표들이 있으나, 필자가 앞에서의 지표들이 가지고 있는 세부 항목과 직접적인 경험을 통틀어 볼 때, 행복감 또는 행복지수를 좌우하는 근간이 되는 두 가지 환경을 구분할 수 있다. 하나는 물리적 환경이고 다른 하나는 정신 · 문화적 환경이다. 물론 행복 자체는 정신적인 현상이라고 할 수 있으니, 물리적 환경으로 분류된 것이라도 궁극적으로 정신 · 문화적 환경의 배경이 되지만, 편의상 두 환경으로 대별할 수 있을 것이다.

행복지수와 절대적인 상관성을 보이는 물리적 환경은 곧 자연환경이었다. 이는 행복지수가 높게 평가된 도시의 지리상 위치를 보면 쉽게 파악된다. 여기서의 자연환경은 도심의 공원 같은 인공적인 부류가 아니라, 천연의 대자연이었다. 뉴욕이나 싱가포르의 경우에 도시 녹화를 자랑하고 있었으나, 인구 밀집이 가져오는 불행감을 상쇄할 수 있을 정도는 아니었다. 그보다는 여가에 대자연을 근거리에서 즐길 수 있는 도시에서 행복지수가 높았다. 특히 사막, 산악, 혹은 바다 등의 지형의 종류보다는 규모와 관련이 있는 것으로 보인다. 도시 환경을 위한 지나친 도로율과 광(光)공해는 오히려 행복감을 낮춘다. 자연환경은 인구밀도와 직접적인 관련이 있다. 도로의 신설 및 확장은 또 다시 인구밀집 현상을 가중시켜서 더욱더 환경을 나쁘게 만드는 악순환 요소로 작용하고 있는 것으로 보인다.

정신 · 문화적 환경은 공공윤리와 맞물려 있다. 공공윤리는 전통적인 의식문화, 교육, 사회체제와 관련이 있다. 개인을 중시하느냐, 혹은 사회 전체를 중시하느냐의 의식은 나라마다 다른데, 대부분은 두 항목이 균형을 이루는 나라가 행복감이 높다. 파리의 경우 개인의 자유와 사상을 가장 중시하는 도시로 꼽을 수 있는데, 행복지수는 상당히 낮은 편이다. 인간이 살아가는 데에는 대중적이고 공공적인 가치가, 단지 사회질서 유지의 측면에서만이 아니라, 삶의 가치를 부여하는 데에도 일정부분 작동하는 것으로 보인다.

반대로 오스트리아나 일본의 경우에는 공공성이 강화된 국가들이다. 이들 국가의 사람들은 타인에게 폐를 끼치는 행위를 극히 꺼려하며, 시민의식의 수준이 높다. 오스트리아나 일본에서는, 길을 걷다가 반대쪽에서 다른 사람이 마주올 경우에 멀리서부터 피해가는 것을 종종 볼 수 있다. 비록 1차 대전과 2차 대전의 패전국이기는 하나, 이들이 역사적으로 가지고 있는 군국주의 문화와 어느 정도 상관성이 있는지는 필자로서도 정확히 모른다. 오스트리아의 빈이나 일본의 교토 등은 가장 여행하기 편한 도시들이기도 하다. 적어도 현지 사람들로 인해 부대끼지 않는 곳이기 때문이다. 여러 조사기관에서 조사된 바로는 오스트리아의 행복지수는 꽤 높은 편이나, 일본은 그렇지 않다. 표면적으로 남을 지극히 배려하는 이들 도시의 행복지수가 그리 높은 것 같지는 않은데, 공공성에 대한 지나친 강조가 개인의 자유를 억압하는 현상과 관련이 있는 것으로 보인다.

집단과 개인이 비교적 균형을 이루고 있는 지역이라고 보이는 곳은 미국의 중소 규모의 도시들이다. 미국은 자유를 이념화한 국가이기는 하지만, 공중윤리나 국가관에 대한 교육은 철저하다. 미국 캘리포니아 주의 산타바바라 주는 행복지수가 높은 편이다. 산타바바라 주에 속해 있다가 분리된 벤투라 카운티에[18] 있는 소도시 카마리오의 경우, 주민 소득이 캘리포니아 평균보다 다소 높은 편이기는 하지만, 보다 직접적인 요소로는 이웃을 대하는 태도에 있는 것으로 보인다. 이 지역 사람들은 공공기관 근무자, 즉 공무원의 공권력 행사에 대해서는 철저하게 수용한다. 부당하게 여겨질 경우에 비록 나중에 이의를 신청하더라도, 당장의 집행을 방해하지는 않는다. 거리의 교통질서나, 식당에서의 줄서기 등 남에게 폐를 끼치는 일을 혐오한다. 상대방이 실수를 할 경우에도 쉽게 지적하되 공격적이지는 않다. 지적 받는 사람은 지적을 수용하거나 사정을 말하기도 한다. 이웃에 대한 신뢰도가 높아서 자연스럽게 말을 주고받을 수 있다. 공공질서를 어기는 일에 대해 지적 또는 항의를 자연스럽게 하는 반면에, 이웃 간에 사생활을 간섭하지 않는다. 이들은 비교적 친밀한 이웃이라 하더라도 일정한 거리를 둔다.

자연환경과 정신 · 문화적 환경이 한국인, 특히 서울 사람들의 행복에 어떠한 영향이 있는지를 다음 절에서 살펴보도록 하자.

## 4. 서울, 그리고 대한민국의 행복

2016년 세계갤럽 조사에 의하면,[19] 응답자 자신에게 있어서 2017년의 삶이 당시보다 더 좋아질 것으로 기대하느냐는 질문에, 한국인의 11%만이 긍정적으로 응답했다. 더 나빠질 것이라는 응답은 42%, 비슷할 것이라는 응답은 45%, 모르겠다거나 무응답은 2%이다(Gallup International 2016). 한국은 미래를 절망적으로 바라보는 사람이 희망적으로 바라보는 사람보다 네 배가량이나 많다는 뜻이다. 이는 세계 전체(66개국)를 대상으로 했을 때, '좋아질 것이다' – '나빠질 것이다' – '비슷할 것이다' – '모르겠다 또는 무응답'의 평균이 각각 41%–22%–30%–7%임에 비해서 현저히 부정적인 결과이다. 조사 대상인 66개국 중에 알바니아, 프랑스, 라트비아 등과 더불어 공동 54위에 해당했다. 바로 아래는 58위로 내전중인 아프가니스탄이며, 바로 위는 52위로 역시 얼마전에 러시아와 전쟁을 겪은 우크라이나이다.

이러한 부정적인 결과는 경제 상황에 대한 예측과 밀접하게 맞물려 있다. 경제상황이 2016년에 비교했을 때, 2017년에 더 번성할 것인가–어려워질 것인가– 비슷할 것인가에 대한 설문에, 각각 4%(세계 29%)–66%(세계 31%)–28%(세계 33%)를 차지하여, 경제 상황에 대해 극히 부정적인 예측을 하고 있었다.[20]

위와 같은 결과는 그 전년도인 2015년에 2016에 대한 낙관성이 G-20에 해당하는 국가들 중에서 9위에 해당한 것과 비교해서도, 희망도가 상당히 낮아진 것이다. 당시의 조사에서는 낙관 21%, 비관 25%, 중립 54%였으며, 이는 8위 아르헨티나와 10위 터키의 중간이었다.

행복감에 관해서는, 보통 때 행복을 느끼느냐는 설문에, '매우 행복하다'가 3%, '행복하다'가 46%, '행복하지도 불행하지도 않다'가 42%, '불행하다'가 9%이며, '매우 불행하다'는 총 1,500명 중 6명만이 응답했다. 세계 전체 조사대상으로 볼 때, 각각 14%, 48%, 27%, 8%, 3%와 비교해 볼 때, 긍정 응답률이 현저히 떨어진다. 세계 전체로 볼 때 행복 또는 매우 행복하다고 응답한 비율은 62%임에 비해 한국은 49%였다. 그리고 세계 전체로 볼 때 불행, 또는 매우 불행하다고 응답한 부정율은 10%임에 비해 9%로 비슷했다. 이와 같은 행복감 조사 결과는 2015년 12월에 실시된 것과 비교했을 때, 긍정율이 올라간 것이다. 2015 조사 결과는 긍정율 57%, 부정율 9%, 중립 35%였다.(이상 WIN/GALLUP International 의 자료를 토대로 기술함.)

주민의 삶의 질과 관련된 세부 지표의 경우는 더욱 심각하다. 한국방정환재단 · 연세대학교 사회발전연구소의 2016년 〈한국 어린이 · 청소년 행복지수〉 발표에 의하면, 한국 아동 청소년들의 행복지수는 OECD 국가 중 최하위였다.[21] 이 보고서에서는 청소년 다섯 명 중 한 명은 자살충동을 느끼고 있으며, 자살 위험집단은 전체 학생의 5%가 넘는 것으로 보고되어 있다. 실제로 2016년 발행된 OECD famliy data base의 〈factbook〉에 의하면, 2010-2013년 기간 동안 한국의 자살률은 36개 회원국중 인구 10만 명당 28명으로 1위였으며, 이는 2위인 러시아(23 명)와도 큰 차이를 보였다. 이는 앞서 〈가디언〉紙가 메마르고 우울한 도시로 꼽은 싱가포르와 비교해서도 3배에 이른다. 이 보고서에는 그 주요한 원인을 청소년 자살로 보았다. 뿐만 아니라, 아동의 삶의 만족도도 OECD 최하위였으며, 출산율도 OECD 최하위였다. 또한 한국인의 평균 수면시간도 OECD 최하위였으며, 복지예산도 OECD 최하위이며, 평균 통근시간은 세계 1위였다. 서울의 대기오염은 세계적으로 1 · 2위를 다투고 있었다. 뿐만 아니라, 노인 자살률은 전세계 조사대상국 중에 최고였다.

이러한 부정적인 지표들은 한국인의 삶의 질이 '암담한' 수준임을 말해준다. 한국은 지난 수십여 년 동안 경제규모 세계 10위권을 넘보는 수준에 이르렀으나, 국민의 정신적인 삶은 피폐한 것이다.

본고에서 다루는 인문학적 측면에서 볼 때, 이에 대한 사회 · 문화적 원인을 알아보는 것이 중요하다. 이에 대해서 다음 절에서 다루기로 하자.

## 5. 한국인은 왜 불행한가?

### 5.1. 구조적 악순환

〈How's Life 2015:Measuring Well-being〉에[22] 의하면 38개 회원국에 대비하여 한국인의 삶의 주요한 강점 두 가지는 높은 주택구매력(2위)과 학생들의 학업 능력(Student skills, 1위)으로 조사되었으며, 주요한 약점 세 가지는 대기 오염(38위), 스스로 인지하는 건강(38위), 사회적 지원의 질(37위)의 순이다.

이들 다섯 가지의 주요 강점과 약점들은 각각 별개의 항목처럼 보이지만, 밀접한 상관성이 있다. 그 기저에는 한국인의 가치 체계와 경제중심주의가 바탕을 이루고 있기 때문이다. 한국인은 소비를 악으로, 저축을 선으로 생각하는 경향이 있다. 따라서 저축에 몰두하는 경향이 있으며 그 수단으로 부동산을 선호한다. 이는 한국인의 개별적 경제력에 비해 주택구매력이 비정상적으로 높게 된 이유이다. 한국인이 저축과 주택구매에 집착하는 이유는 부를 영속적인 것으로 여기는 데서 비롯되는데, 부의 영속이란 곧 상속을 의미한다.

한국인에게 있어서 富란, 소비 생활을 통한 삶의 영위를 위한 것이라기보다는, 자신의 연속인 자손을 보존해줄 수단이다. 이는 일제시대와 한국전쟁을 겪은 세대들의 삶에 대한 불안한 정서와 더불어, 전통적으로 자신의 부와 가문의 가치를 세습하려는 문화의 결합으로 더욱 공고해졌다.

부의 영속을 이루기 위한 수단은, 자녀에 대한 교육 투자로 이어진다. 자녀에 대한 지원, 특히 학교 교과 교육부문을 중심으로 한 부모의 전폭적인 지원 덕택에 한국의 청소년은 세계적으로 높은 학력수준을 가진 것으로 평가받아 왔다. 그러나 이러한 교육열은 취업을 중심으로 한 사회적 · 경제적 안정을 도모하려는 목적을 가지고 있어서, 대학에서의 학술적 성향으로 이어지지 않는다. 한국 청소년들의 학습에 대한 열의는 많은 경우에 자신의 의사라기보다는 사회구조와 부모의 의사라고 볼 수 있다. 표면적으로 청소년 자신의 의사라 하더라도, 사회와 부모 세대로부터 학습된 미래 생활의 불안정성과 그것이 원인이 된 학벌 욕구인 경우가 많다. 이는 역설적이게도 청소년 우울증이나 범죄, 자살이라는 모순적인 양면성이 성립되는 원인이다. 부모로부터 경제적 · 정서적 지원을 받지 못하는 청소년은 상대적 박탈감이 증폭되고, 사회적 지원이 약한 한국 사회에서 위험에 노출되기 쉽기 때문이다.

한국에서의 가족 결속력은 배타적인 측면이 있다. 이웃 등, 가족 이외의 사람들에 대한 한국인의 신뢰도는 낮게 드러난다. 반면에 한국의 부모세대가 노후에 자녀에게 의존하는 정도는 세계적으로 높다. 한국의 자녀들은 제사의 형식으로 사망한 부모나 조부모를 죽을 때까지 모시기도 한다. 높은 가족 결속력은 아시아권의 특성이기는 하나, 한국은 전통적인 효의 사상으로 더욱 강화된 형태이다.

그러나 자녀의 현대적인 삶과 가치관, 세대간의 의식 차이, 경제적인 문제 등에 의해 자녀에게 경제적으로 혹은 정서적으로 의존하는 일이 실패할 때, 노인문제는 급격하게 증가한다. 특히 국가나 사회에서도 노인문제에 대해서 그 책임자를 자녀로 보는 경우가 많은데, 이는 노인에 대한 정부의 지원 태도를 근본적으로 바꾸지 않게 하는 요인이다. 흔히 명절에 방영되는 드라마에서, 지방의 농촌에 거주하는 부모에 대하여 자녀들이 유산에 관심을 가지면서 서로 부양의 책임을 떠넘기려는 비윤리적 상황이 묘사되곤 한다. 이러한 드라마에는 자녀의 비윤리성을 극적으로 묘사하면서 노인 부양에 대한 책임이 전적으로 자녀에게 있다는 전제를 암묵적으로 강요한다. 여기에는 사회적 지원의 필요성에 대한 인식을 둔화시키는 부정적 요인이 감추어져 있다. 한국의 세계적인 노인 자살률은 국가에서 지원해야 할 경제적 빈곤, 정서적으로 의존해야 할 대상의 부재, 노인 건강 문제에서 비롯된다.

한국의 배타적 가족 결속력은 한국적 경제구조의 핵심적인 요인이다. 한국의 부자들은 재산의 영속성이 자녀 세대에게 부를 세습시킴으로써 이루어진다고 생각한다. 한국의 대기업의 경영 후계자는 대부분 창업주의 자손이다. 대기업 경영주들은 기업의 사회적 책임이나 부의 분배에 대한 통찰보다는, 부의 무한한 축적과 축적된 부의 세습을 통한 영속에 더 관심이 있는 것으로 생각된다. 이는 불균형한 소득의 분배나 사회적 부조리 등의 문제를 함의할 뿐만 아니라, 부에 대한 강박적 성취욕이 사회적으로 만연해 있는 상태에서 건전한 여가와 소비 생활을 누릴 여지를 저해하기도 한다. 정규직 · 비정규직을 통틀어 한국인의 시간당 임금은 경제 규모와 맞지 않게 낮은 수준이다. 여기서 비롯된 부를 이룬 사람에 대한 부정적인 인식은 계층간 신뢰도를 더욱 저하시킨다.

한국인에게 있어서 삶은 행복을 추구하는 과정이 아니라, 과업을 성취하는 과정이다. 이들은 지나치게 많은 시간을 학교 공부나, 직장에서의 노동에 자의 · 타의로 사용하고 있다. 한국인의 여가 시간은 상대적으로 적으며, 여가를 활용하는 방법도 다양하지 않다. 이는 정부나 공공기관의 태도에서도 배어 있다. 몇 해 전, 가습기 살균제로 인한 수십 명의 사망 사건에서, 이를 바로 잡는 데에 신속하지 않았다거나, 식품의 안전 문제를 발표했다가 관련 사업 단체의 항의를 받고 곧바로 철회하는 등의 현상이 그러하다. 그 원인은 기업과 국민경제에 대한 보수적인 관점과 맞물리는 것으로 생각된다.

한국인은 지난 수십 년의 산업화를 겪으면서 경제 만능주의에 빠져들게 되었다. 이로 인한 산업 중심주의의 폐해는 결정적으로 환경의 파괴로 이어진다. 대한민국은 세계 최악의 대기오염 국가이다. 대한민국의 대기오염은 산업화된 도시인 서울 한 곳의 문제가 아니고 전국에 걸쳐 있다. 이는 2차 산업의 문제만이 아니다. 환경에 대한 의식의 부재는 거의 모든 계층에 해당한다. 예를 들어, 농촌 경제를 위한 수단으로 가축 사육의 제

약이 느슨한 결과로, 가축의 분뇨 냄새가 온 동네를 덮은 지역을 흔하게 마주할 수 있다. 뿐만 아니라, 고의적 혹은 비고의적인 분뇨 방출로 전국의 하천이 오염되어 있다. 이는 우천시에 더욱 심화되어, 정화가 이루어져야 할 강우 후에 오히려 물고기의 떼죽음을 목격하게 된다. 지난 2017년 8월의 집중 강우에도 불구하고 4대강의 녹조 현상이 더 심화된 것은 이에 기인한 것으로 보인다. 정부의 무책임한 정책과 대중의 낮은 수준의 공공 윤리가 결합한 대표적인 사례이다.

한국은 세계 최고의 도로율을 자랑하고 있음에도, 여전히 대규모의 도로 공사를 전국 곳곳에서 시행하고 있다. 국토 면적이 좁은 한국에 산악지대가 많은 것은, 심리적 공간을 넓혀주는 효과를 가져 온다. 그러나 교통의 효율만을 생각하여 넓은 폭의 도로를 직선으로 건설하는 것은 자연경관을 해칠 뿐만 아니라, 사람들의 심리적 공간을 좁혀주어 심리적 인구밀도를 높이는 역효과를 가져온다. 가까운 일본만 하더라도 큰 규모의 고속도로는 한정적으로 건설하고 지형에 따라 구불구불한 옛 도로를 여전히 보수하여 사용하는 일이 많다. 한국의 도로 건설 사업은 이제 대규모의 토목 공사가 아니라, 국도와 지방도에 보행자나 자전거가 다닐 수 있는 길을 만들고 정비하는 일이 필요하다. 산과 산 사이, 계곡 위를 공중으로 통과하는 고속도로들과, 어느 곳에서든 시야를 피해 갈 수 없는 고압송전탑, 정비되지 않은 읍면의 주거 환경 등은 관광자원으로서의 가치를 훼손함을 물론, 지역 주민의 정신 건강에도 악영향을 준다.

따라서 한국인의 강점과 약점 다섯 가지를 두고 볼 때, 한국인의 낮은 행복지수, 노년층과 청소년층을 중심으로 한 높은 자살률, 우울증 발병률 등은 주거 환경 및 의식구조와 높은 상관성이 있는 것으로 보인다. 즉 높은

▲ 전국이 무분별한 토목공사로 몸살을 앓고 있다.

주택 구매 능력, 청소년의 학업능력, 낮은 사회적 지원, 최악의 대기오염, 건강 상태에 대한 우려 등은 하나의 메커니즘이다. 따라서 강점으로 지목된 높은 구매율과 청소년의 학습능력도 결과적으로 악순환적 지표들이다.

대한민국은 세계 제1의 도로율, 도로포장율을 자랑하고 있지만, 여전히 도로 신설 공사가 끊이지 않는다. 우리나라에서는 마을의 하늘을 덮은 고속도로를 어렵지 않게 볼 수 있다. 주민의 주거환경을 정비하는 일에는 국가의 투자가 미약하다.

## 5.2. 낮은 신뢰도

필자가 경험한 행복지수가 높은 도시의 사람들은 스스로의 삶의 만족을 높이기 위해서, 여가활동이나 소모임 활동 등 개인을 중심으로 노력을 하고, 이웃에게 스스럼없이 말 걸기와 축하 등의 긍정적인 간섭을 하는 대신, 상대방의 사생활에 대해 간섭하지 않는 것을 엄격하게 지킨다.

그에 비해서, 한국인은 경쟁심이 지나치게 강하며 부정적인 간섭이 상대적으로 심한 것으로 보인다. 재산이 많은 사람들에 대한 인식도 부정적이며, 이 때문에 자산가들은 사람들을 경계하는 성향이 있는 것으로 보인다. 한국의 도시인에게는, 이웃에 대한 신뢰도가 떨어져 있고[23] 범죄에 대한 심리적 공포도 높다. 인터넷 매체에서 보이는 일반인들의 댓글들은 높은 불안도와 공격성을 보여준다.

필자의 경험으로는, 행복지수가 높은 지역일수록 공권력은 높은 신뢰도를 바탕으로 강력한 권위를 발휘한다. 또한 상급기관에서는 하급기관의 공무원을 비롯해 공권력을 집행하는 자들을 옹호한다. 반면에, 한국에서는 공권력에 대한 불신이 높다. 한국에서는 이를 해소하기 위해 법률을 상대적으로 정교하게 제정한 것으로 보인다. 다른 국가에서는 일선 행정 기관의 공무원의 권한에 의해 처리되는 일들이 한국에서는 일일이 규정에 의거하는 경우가 많다. 그리하여 법규가 지나치게 세밀하고 공무원의 권한은 축소되어 있다. 행정적 처리를 하거나 처벌해야 할 경우가 발생할 때, 포괄적인 법규에 대하여 법집행자의 해석과 처리를 불신하기 때문이다. 한국의 법규는 피해자나 선의를 가진 자를 보호하기 위한 접근이라기보다는,[24] 처벌이나 교화, 범죄자 인권 등, 범법자를 어떻게 다룰 것인가에 초점이 맞추어져 있다. 그리하여 사회적으로 지탄을 받는 중범에 대해서도 재판관들의 이상주의적 접근은 대중의 요구와 상당한 괴리가 있는 것으로 보인다.

법을 만능의 이상적인 장치화하려는 경향은, 긍정 기술 방식의 법률 제정과 밀접한 관련이 있다. 즉 어느 것을 금지시켜서 그 외의 것에 대해 간섭하지 않는 것이 아니라, 무엇을 해야 한다고 기술하면서 그 외의 것을 불법으로 취급하는 기술 방식이다. 어느 나라 법규 못지않게 '촘촘하게' 짜인 법규는 효율성이나 '정의'를 향해 있다기보다는, 공무원이 법률 집행에 대해 면책성 확보에 집중되어 있는 것으로 보인다. 이러한 법규는 일상의 생활을 불편하게 하거나 범법, 범칙으로 인지하지 못하는 면이 있는 반면에, 해당 범법 행위를 한 자를 모두 가려내어 처벌하기 어려워서 공정성에 대해 불신의 소지가 많다.[25] 2016년 제정된 김영란법은 그 대표적인 예이다. 사회 구성원의 낮은 신뢰도가 그 탄생의 배경이며, 개인의 사생활을 침해할 소지와 범법인지를 인지하기 어려운 경우와, 모든 위반자에게 공평하게 형벌을 부과할 수 있다고 보기 어렵다. 그리하여 그 위헌적 소지에도 불구하고, 다수의 구성원이 사회적으로 필요한 법으로서 찬성하고 있어서, 공무원을 중심으로 한 불신 사회를 개선하기 위한 극약 처방으로 평가되고 있다. 따라서 공권력 행사에 대한 불신이 낳은 세세한 법규는 대중의 생활을 불편하게 하는 가운데, 모순되게도 중범에 대한 낮은 수준의 처벌은 또 다른 불신과 불만을 낳는 악순환 현상을 보이고 있다.

개인 생활을 과도하게 간섭하는 세세한 법규와 행정의 이상주의적 접근과는 모순되게도, 사회적 지원이 부족한 것은 한국의 3대 약점으로 꼽히고 있다. 이를 보완할 기부나 자선봉사 등의 민간 사회활동의 수준도 미약하다. 이러한 속에서 전통적인 한국인의 가족 결속력은 여전히 강력하게 작동하여, 가족 의존성이 지나치게 강화되어 있다. 세계적인 의료보험 체계에도 불구하고, 한 가정 내에 중환자가 발생하면, 가족 중 일부 또는 전체가 환자를 돌보느라 일상의 삶을 포기해야 하는 현상은 대표적인 예이다. 한국 사회는 개인생활에 대해 사회적 · 법제적 간섭이 많은 편인 반면에, 사회적 지원과 상호 신뢰도는 약하다.

## 6. 맺음말

여러 기관들의 지표는 한국의 도시민이 행복하지 않다고 말해준다. 앞서의 고찰을 토대로, 다음 몇 가지를 한국 도시인의 문제들을 해결하는 데에 집중적으로 점검할 것을 제안한다.

첫째, 성장 중심의 경제 구조를 바꾸어야 한다. 대기업에 무한히 집중되는 생산 자본을 분산해야 한다. 또한 노동시간을 줄이고 부족한 생산시간은 일자리 창출로 해결해야 한다. 하청업체에 해당하는 중소기업의 임금을 인상하고 내국인 제조업 노동자를 양성해야 한다. 이에 따라 부족한 여가시간을 늘리고 건전한 소비를 유도해야 한다.

둘째, 환경파괴에 대해 보다 엄격한 규제가 필요하다. 최악의 대기오염을 유발하는 공장들과 발전소, 자동차 등에 대해 규제해야 한다. 또한 인구집중을 가중시키는 아파트 단지 건설과 각종 도로의 건설을 제한해야 한다. 특히 대규모의 자연을 훼손하는 일을 중단해야 한다. 도심의 녹지라는 소극적인 환경 조성을 위해 예산을 사용하기 보다는, 국가가 천혜의 자연 조건을 가지고 있는 국토 전체를 보전하도록 관리하는 데에 더 많은 예산을 들여야 할 것으로 보인다.

셋째, 청소년과 노인 문제를 비롯한 개인의 빈곤과 건강의 문제, 우울증과 자살률 등의 문제에 대하여, 전통적인 가족 구조에 의탁하고 이를 강화하기보다는 사회적 책임이라는 인식을 확장해야 한다. 한국에서 이

▲ 구채구 인근 마을

웃에 대한 신뢰도는 낮고 사회적 지원은 열악하다. 특히 농촌보다 도시 지역에서 이웃의 정서적 지원을 기대하기 어렵다. 시민간의 신뢰를 회복하고 사회적 지원을 늘리는 것은 전 세대의 행복지수를 높이기 위한 장기적인 전략이 될 것이다.

행복한 도시의 필수적인 두 요소는 자연 환경과 적정 소득이 주는 여가이다. 행복한 도시는 자연 환경을 극복함으로써 건설되는 것이 아니라, 자연을 효율적으로 이용함으로써 형성된다. 그러나 한국의 급격한 도시화는 자연 환경의 파괴와 도시 인구의 과밀화로 이어졌다. 이것이 배타적인 가족 이기주의와 맞물려서 과도한 경쟁사회가 되었다. 이는 대기업의 세습화나 합리적인 소득체계 구현의 실패와 맞물린다. 이러한 메커니즘은 도시민을 강박적인 삶으로 유도한다. 이를 통합적으로 꿰뚫는 정책이 필요하다.

1 Helliwell, J., Layard, R. & Sachs, J. ed, 2015. *World Happiness Report 2015*. The Earth Institute Columbia University, etc.

2 Public Library of Science에서 2006년부터 간행되는 저널. 인터넷 주소 jornals.plos.org/ plosone.

3 WIN/Gallup International, 2016. *WIN/Gallup International's Annual global End of Year survey reveals a world of conflicting hopes, happiness and despair*.

4 김경동(책임연구원), 2007. 〈세계 주요도시 행복도 및 경쟁력 분석〉, 서울복지재단.

5 http://stat.seoul.go.kr/Seoul_System3.jsp?stc_cd=26.

6 OECD Better Life Index, http://www.oecdbetterlifeindex.org/topics/life–satisfaction/.

7 Center for Sustainable Development, 2017. *World Happiness Index*, Earth Institute Columbia Unive. http://worldhappiness.report/ed/2017/.

8 https://www.statcan.gc.ca/.

9 2010년 11월 25일자 Toronto Life의 기사 참조.

10 사그네는 필자가 직접 경험한 도시가 아니다.

11 밴쿠버는 인구 64만 7천5백 명이며, 면적은 115㎢이다. 이 글에서 도시 면적 및 인구 등은 〈위키피디아〉 등 구글(google) 검색을 활용하였다.

12 싱가포르 straits times 보도

13 출처, 〈National Suicide Statics〉, Samaritans of Singapore, https://sos.org.sg.

14 우연인지는 모르겠으나, 2012년은 한국에서도 자살률이 최고에 달했던 해이다.

15 이 체계로는, 생활기대(life expectancy)가 74.4/100, 웰빙은 5.9/10으로, 생태발자국(ecological footprint)는 3.7/10으로, 그 외 정량적 조사로 10%이었다. Happy Planet Index의 자료는 〈http://happyplanetindex.org/〉를 참고했다.

16 역사적 유물이나 관광 자원이 많은 것은 행복지수와 직접적인 관련이 없는 것으로 보인다. 그러나 교토의 경우 역사적 배경이 이 도시 주민들의 자부심에 영향을 미치는 것으로 보인다.

17 이는 물론 다문화 사업이나, 봉사활동을 하는 개인을 두고 한 평가는 아니다. 정부의 정책적 측면을 말한다.

18 벤투라(Ventura) 카운티에는 한국전쟁 기념 고속도로가 있다.

19 WIN/GALLUP International, http://www.wingia.com/.

20 http://www.wingia.com/.

21 염유식, 2016, 제8차 한국 어린이 · 청소년 행복지수 국제비교연구조사결과보고서.

22 OECD 자료 : 출처 www.oecdbetterlifeindex.org/countries/korea.

23 매일경제 2017년 2월 9일 기사에서는 기획재정부의 세미나를 인용하여, 한국인의 타인 신뢰도가 OECD 국가중 23위라고 보도한 바 있다. 또한 한국 갤럽조사연구소에 의하면, 27.1%가 이웃을 신뢰하지 않는다고 응답했다 (http://www.gallup.co.kr/gallupdb/korean027.asp).

24 한국에서 정당방어의 범위를 극히 제한하는 것은 대표적인 예이다.

25 일상적인 생활의 모든 행위를 합법으로 간주하고 몇몇 행위를 범법으로 간주하여 처벌 규정을 정한 것을 긍정적 법제정이라 한다면, 즉 명시되지 않은 모든 행위를 범법으로 전제하고 성문화 된 것만을 합법으로 간주하는 것을 부정적인 법제정의 접근법이다.

# 도시 산책:
## 유럽 도시의 근대적 기억들

**지은이** 양승조 · 박승민 · 전은경 · 이찬규 · 김태연 · 박종소 · 오충연
**발행일** 초판 2018년 11월 30일
**펴낸이** 황준성
**펴낸곳** 숭실대학교 지식정보처 중앙도서관
**등 록** 제14-2호(1982. 1. 25.)
서울 동작구 상도로 369
TEL. (02)820-0772
FAX. (02)817-5297
http://press.ssu.ac.kr
인쇄처 네오프린텍(주)
TEL. (02)718-3111

값 12,000원
ISBN 978-89-7450-388-8 03920